JN063508

「アクティブ・ラーニング」は何をめざすか

「主体的、対話的な学び」のあるべき姿を求めて

佐藤公治●著

新曜社

はじめに

本書は新型コロナウイルスによって私たちの日常に大きな影響が生じている状況の中で刊行されました。コロナウイルスが収束に向かったいわゆる「コロナ後」が可能になったとしても、今までの私たちの生活の延長ではなく、新しい生き方、価値観を探していかなければならないでしょう。それは、学校や教育の世界でも同じでしょう。4月からの新学期の開始も儘ならなくなり、休校が長く続いた中で児童・生徒の学力低下や学力の地域差が問題にされていますが、コロナウイルス禍を受けて分かってきたことは、私たちが身につけていくべきものは決まりきった知識や、それらを機械的に学んでいくことではないということです。今までの常識では対処できない時に必要になるのは自らの命、そして身近にいる人の命を尊重し、守っていくために必要な行動は何かを考え、行動していく自己決定力でしょう。「誰かが決めてくれる」のを待っていることなどできないのです。

今、情報はあふれています。それを頭の中で整理し、自分と家族、近所や地域をまずは考え、さらに自分たちの国のことを考えて自分の行動を決めていく。このような「生きていく力」が大切な学びの目標であることが確認できたということでしょう。

1　小さな出来事から「学びの意味」を考える

コロナウイルスがまたたく間に広がったために、ウイルス予防のマスクが手に入らない時期が続きました。その時、私が住んでいる北海道や札幌市の女子高校生が長期間の学校休校の間、マスクを大量に作って老人施設や保育所に配ったことが報じられました。マスクが手に入らないで困っている人に自分でできることを実践してくれたのです。政府が決めた一家族二枚のマスク配布など何時届くのか分からない時のことでした。誰かに指示されたわけでもなく、まさに自分でできることを自分で決めて実行したのです。現実の目の前で起きていること、その問題に向き合い、考え、そして実行してみること、これこそがまさにアクティブ・ラーニングの本質にあることでしょう。それは小さな活動だったのかもしれませんが、単に知識を身につけるだけのことをめざしたものではないことを教えてくれるものでした。

2　教育の現状を前にして

新しい学習指導要領による教育と学習の活動が小学校では今年度の２０２０年４月から本格的に開始されるはずでした。ですが、コロナウイルス禍で学校休校が続き、授業再開になっても、これまで休まざるをえなかった部分をどう穴埋めしていくのか、また学校における子どもたちのさまざまな活動をどう元に戻していったらよいか、学校現場の先生方はたくさんの課題を抱えています。

そして、新しく始まった学習指導要領で示されている学習活動も実践に移していくという、大きな課題にも対応しなければなりません。新しい学習指導要領では、知識・技能の習得を基礎にしながらも、未知の状況に対応して自ら考え、判断していける力、そして自分の考えを表現していける力を育てることが目標になっています。さらに、子ども同士の学び合いを重視する協同的学習や、社会との関わりを積極的に持つようになることもめざしています。これらの「主体的・対話的で深い学び」を特定の教科の中で位置づけるのではなく、すべての教科で実現していこうとするのです。ですから、実際の授業実践ではかなり工夫した取り組みが求められているわけです。

もう一つ、新しい学習指導要領では、前回の２０１１年に改訂が行われた学習指導要領の考え方も一部踏襲しています。つまり、前回の学習指導要領では、基礎的な知識と技能の習得をめざそうということで、学習内容を大幅に増やしました。新しい学習指導要領でも学習内容の量を削減しないで、基礎・基本の習得に加えて、学習過程の質的な面も改善していこうとしているわけです。そうなると、限られた時間数の中で教科書の内容も消化し、同時に思考力、判断力、表現力といった主体的な学び、協同的な学習も行わなければならないのです。教える側の現場教師には、これらの多数の目標を達成する課題に対応するために、いまだ試行錯誤が続いていると思います。

このような学習の質そのものも改善していくという課題に加えて、小学校の場合には3年生から英語の授業を行わなければなりませんし、小中学校では情報通信技術を活用した学習活動と情報活動能力、いわゆるＩＣＴを育てることにも取り組まなければならないのです。小学生にプログラミング学習をどのように教えるかという難題を抱えているのです。

ここで、学ぶ主体である生徒も時間に追われている現状を考えてみたいと思います。２０１９年の暮れに経済協力開発機構（ＯＥＣＤ）の学習到達度調査（ＰＩＳＡ）の新しい結果が出ました。これは２０１８年に実施されたものですが、ここで注目しなければならないのは、調査参加国の中での日本の生徒の読解力の順位が下がっていることです。日本の生徒が読解力が弱いことは以前からも指摘され、特に２０００年以降８位から14位、そして２００６年には15位まで下がっていました。その後、現場の先生方の指導の工夫等もあって回復の兆しを見せて、２０１２年には４位になっていました。ところが２０１６年にはまた下がりだし、８位になり、一番新しい２０１８年には15位に下がってしまっているのです。明らかに日本の生徒や若者、いや日本人全体の読解力や表現力が、低下しているのではないでしょうか。チャットやスマホの短い文のやり取りに終始するだけでは、本来の意味の読解力は身についていきません。それを可能にするのは、やはり学校の授業で骨太の作品に向き合っていくことではないでしょうか。そのための時間が確保されるべきでしょう。アクティブ・ラーニングを実効あるものにするためには、このような地道な取り組みこそが必要でしょう。

小学校から高等学校までの長い学校教育の期間の中で、教材とじっくり向き合い、自ら出した問いを考えていく中でこそ、読解力がついてくると言わなければなりません。

ここで、アクティブ・ラーニングが本来めざそうとしている学習論、教育論とはどのようなものであるべきか、もう一度考えてみる必要があるでしょう。たとえば、アクティブ・ラーニングの学習論の一部には、かつてあった問題解決学習の考え方があります。そして長い間、この思想を提唱していた人がいました。あるいは、学校教育の中で表現活動について深く想いを巡らした人がいました。このような人たちの声を聴きながら、アクティブ・ラーニングのあるべき姿をもう一度確認してみたいと思います。

私自身は、アクティブ・ラーニングをまったく否定するものではありません。主体的、協同的な学びを学習の本質として位置づけるべきであると考えますし、表現することが人間として大切な活動であるという立場です。ですが、主体的であるとか、協同的な学びといった時に、そこにどういう学びを考えるべきなのか、表現することがどうして大事なのか、その思想をきちんと確認しながら教育の実践上の意味を明確にしていくことが大切です。アクティブ・ラーニングの考えの本質を追究した時、まさに「コロナ後」で私たちに求められてくるものが見えてくるでしょう。

3　本書の章構成とその内容

第1章「アクティブ・ラーニングという教育改革」と第2章「アクティブ・ラーニングがめざし

ているもの――二つの学力論の対立とその克服」では、アクティブ・ラーニングの背景にある考えと、その学力観についてみていきます。

第3章「問題解決学習と系統主義の統合――広岡亮蔵の学力論」と第4章「問題解決学習はどのようなものであるべきか――上田薫教育論とその思想」の二つの章では、問題解決学習をめぐる二つの考え方を取り上げます。問題解決学習と系統的な学習の両方が必要であるというものと、問題解決学習で基礎的な知識の習得も可能になるという二つです。前者の学習論はアクティブ・ラーニングにある学力論の元になっています。

第5章「学習と教育の相互的関わり」と第6章「対話的で協同的な学びをめざして」では、対話的で協同的な学びの働きとそれが可能になるためには何が必要であるかをロシアの心理学者ヴィゴツキーと、同じくロシアの言語学者バフチンの研究から考えます。

最後の第7章「教育における表現活動とその重要性――木村素衞の教育論」は、教育の中で生徒自らが自分の考えをまとめ、表現していくことの重要性を論じた木村素衞を取り上げます。彼の表現行為論からアクティブ・ラーニングで重視している表現活動の意味をもう一度見直していきます。

本書では「共同」、「協同」、「協働」の表記を用いていますが、「共同」は主に二人以上の人が関わっている場等を共有している時や、「共同性」のように静的な状態を示すものとしています。他方、「協同」と「協働」は複数の人たちが対話をしている活動や状況のように動的な状態を意味するものとしています。

目次

第1章　アクティブ・ラーニングという教育改革

1

　今、わが国の教育界で盛んに取り上げられ、まさにトレンドとなっているのはアクティブ・ラーニングという学習論であり、教育論です。この言葉は、新しい学習指導要領の基本姿勢を表したものですが、学習指導要領では正式には「主体的・対話的で深い学び」という表現が使われています。学習指導要領では、学習者の能動的な学習活動が重視されていますが、それ以外にさまざまな教育内容の改変も同時にめざされています。たとえば、小学校の教育と連続させるかたちで幼稚園教育要領や保育所保育指針の変更も同時に行っています。また、高等学校と大学の教育改革を連動させていくことが図られているのも大きな特徴です。

　この章では、このアクティブ・ラーニングが教育改革として何をめざそうとしているのか、その学習観と教育観について批判的に検討します。

1　学習指導要領による教育観と学習観

アクティブ・ラーニングは文字通り、学習者が教師の伝える学習内容を聞き、理解していくという、知識伝達型の学習に変わって、学習者が主体的に学習を進めていくことをめざす学習形態です。それでは、どうしてこのような学習のスタイルと教育の改革が小学校から大学までの教育機関の中で言われるようになったのか、その背景とこれまでの一連の動きを整理しながら、アクティブ・ラーニングの根拠になっているもの、そしてこの学習改革で何をめざそうとしているのかをみていきます。

(1) アクティブ・ラーニングの考え、そのはじまり

アクティブ・ラーニングという考え方が学習指導要領の基本に位置づけられるようになったのは、2014年11月、学習指導要領の改訂に向けて当時の下村文部科学大臣の中央教育審議会への諮問（「初等中等教育における教育課程の基準等の在り方について」）を受けて議論が開始されたことによります。文部科学大臣の諮問でも、「課題の発見と解決に向けて主体的・協働的に学ぶ学習（いわゆるアクティブ・ラーニング）」の言葉が使われており、アクティブ・ラーニングについてどう考えるか、アクティブ・ラーニング等の学習プロセスの把握と評価を検討する課題が審議会の議論に位

置づけられました。実は、この動きと前後しながら、文部科学省の教育政策の立案に深く関わっている国立教育政策研究所の調査研究、そして文部科学省における有識者検討会でも、アクティブ・ラーニングについての内容議論が進められていました。

学習指導要領の改訂の話とは別に、大学教育の質的転換を促すことを唱えた中央教育審議会の答申、「新たな未来を築くための大学教育の質的転換に向けて――生涯学び続け、主体的に考える力を育成する大学へ（答申）」（2012）でも議論されていました。それは、大学の授業が知識の伝達中心になっており、学生が主体的に問題を解決していく能動的学習（アクティブ・ラーニング）への転換が必要であるというものでした。ここでは、アクティブ・ラーニングという発想は、いわゆる大教室で一斉に授業を行うマスプロ教育の改善を図ろうとしたものでした。それに加えて、企業や経済分野、さらには社会全般の要望として、情報化社会の中でＩＴ技術や高度な問題解決力、処理能力が求められており、新しいアイデアの創出や問題解決のために他者との協力・協調といったコミュニケーション力、チームで働く力も重視されています。学習改革の背景には経済界のこのような要望もありました。これら一連の動きが、小・中学校の学習指導要領の改訂と連動してアクティブ・ラーニングへと進んでいったわけです。

（2）「21世紀型の学習」という発想

今回の新しい学習指導要領は「21世紀型の学習」とも言われていますが、これはどのような経緯から出てきたのでしょうか。少し時間を前に戻して、20年前の２００２年の第７回、そして10年前の２０１１年の第８回改訂の学習指導要領との違いをみていきたいと思います。

よく知られていることですが、第７回改訂の学習指導要領では、自ら考え、生きていく力を重視した問題解決型の学習に力点が置かれていました。ところが、その後、ＯＥＣＤ（経済協力開発機構）・ＰＩＳＡ（生徒の学習到達度調査）の国際学力調査で、日本の生徒の学力が他の国と比べて低下傾向にあることが指摘され、知識重視の考え方が出されることになりました。そこで、２０１１年の第８回改訂の学習指導要領では、それまでのゆとり教育から学習内容と学習時間を増やす、いわゆる「脱ゆとり教育」へと進みます。もちろん、一気にそれまでの主体的な学びの考え方を止めるのではなく、基礎的・基本的な知識や技能の習得を重視しながら、同時に思考力・判断力・表現力等の育成をバランス良く位置づけていこうというものでした。ですが、それまで「生きる力」で表現されていた主体的な学びや思考力の重視と、基礎知識の習得があいまいなかたちで並置されていました。そこで、教育で求めたい能力や学力概念をはっきりさせていこうという議論になったわけです。たとえば、新しい学習指導要領作成に向けての検討作業に関わった安彦（2014）が述べていることですが、学習指導要領の改訂作業の中で、資質・能力と教育内容との関係を明確にしないままになっていたことは文科省内でも課題として把握していたというのです（pp.26-30）。たしかに、「バランス」という言葉で何を示しているのか分からないままでした。

そこで、今回の新しい学習指導要領では、このあいまいさを、基礎的知識の習得と主体的な学びの二つの目標をうまく説明できるようなキー・コンピテンシーや21世紀型の能力と学力という概念で明確にしようとしました。それは、欧米の近年の能力概念とリンクさせるものでした。キー・コンピテンシーの考えは日本の学力論にも少なからず影響を与えているＯＥＣＤ・ＰＩＳＡの基礎理論にもなっているもので、複数の異なった能力や学力を想定しており、実社会や企業が求めるような能力が重視されています。もちろん、応用力を育てることは大切なことなのですが、この発想をそのまま学校教育、特に小学校や中学校の教育に下ろしてしまうことには問題があります。

ＯＥＣＤのキー・コンピテンシーの枠組みになっているプログラムが、ＯＥＣＤ・ＤｅＳｅＣｏ（Definition and Selection of Competencies）で、日本語にすると「コンピテンシーの定義と選択」と言われているものです。ＤｅＳｅＣｏはこれらの頭文字です。コンピテンシーという言葉はあまり馴染みがないかもしれませんが、この元になっているコンピテンスは心理学では時々使われています。心理学者のロバート・ホワイトが１９５９年の論文で、人間が世界を知り、発達していくことの基本にあるのは自分が周りのものに積極的に関わっていくことで自分を成長させていくことであるとし、このことをコンピテンスと述べました。簡単に言うと、自分が持っている能力をうまく使っていくことで自分の能力を最大限に効果的に発揮する力、有能性ということです。単に持っている知識や技能ではなく、これらをいかにうまく使って能力として発揮できるかに力点を置いた考えです。それは、簡単に主体的能力と言われたりもします。

新しい学習指導要領と教育改革の中で取り上げられているコンピテンシーも、正確にはＤｅＳｅ

Ｃｏの表記にある Competencies として複数形で表現されるもので、コンピテンスという単一のものではなくて、複数の集合としての能力という考えです。ＯＥＣＤ・ＤｅＳｅＣｏのキー・コンピテンシーには次の三つのカテゴリーが設定されています。さらにこれらの各カテゴリーには、それぞれ三つの具体的な内容が示されています。

カテゴリー1：道具を相互作用的に用いることで、自分の周りにある言語、シンボル体系、知識・情報を自分の活動に使っていくことです。相互作用的に用いるというのは、そういう意味です。そこにはＡ 言語、シンボル、テキストの利用、Ｂ 知識、情報の利用、Ｃ 技術の利用のための能力、が想定されています。

カテゴリー2：異質な人たちの集団における相互的関わりです。これは、Ａ 他者と良い関係を作る、Ｂ チームで協力して働く、Ｃ 対立を調整し、解決していく、という三つの協同的活動で可能になるものです。

カテゴリー3：自律的な活動で、Ａ 大きな展望の中で活動する、Ｂ 人生計画や個人的なプロジェクトを設計し、実行していく、Ｃ 自らの権利、利害、限界、ニーズを擁護して、表明していく、三つの能力で実現されるものです。

これらのより詳しい内容と説明は、ライチェンとサルガニク編著の『キー・コンピテンシー』（2003）の最後に収められている「キー・コンピテンシーの定義と選択［概要］」にあります。

新しい学習指導要領で言う「21世紀型能力」は、ＯＥＣＤのキー・コンピテンシーの考えをほ

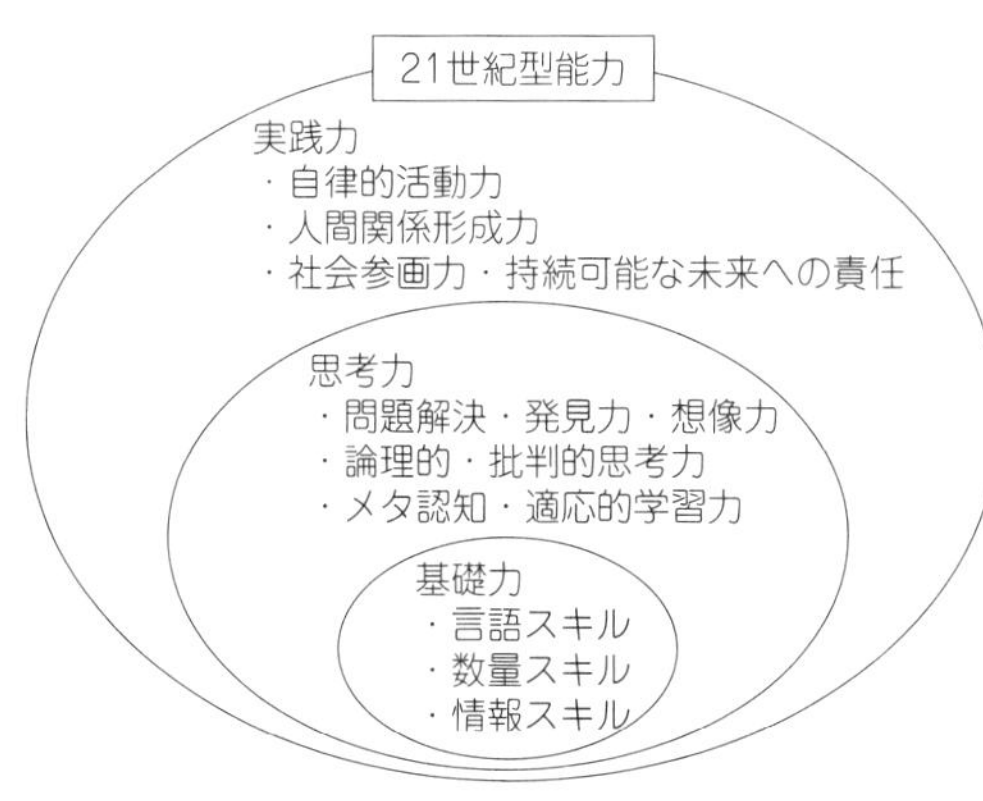

図 1-1　21 世紀型能力モデル

ぼ踏襲しています。「21世紀型能力」のモデルは国立教育政策研究所が２０１３年に出した研究報告書（「教育課程の編成に関する基礎的研究・報告書5」の「社会の変化に対応する資質や能力を育成する教育課程編成の基本原理」）で確認できます。

この報告書でも、社会の変化に対応して求められる資質・能力を「21世紀型能力」と位置づけ、具体的には、学力を「思考力」を中核にし、それを支える「基礎力」、その使い方を方向づける「実践力」という三層構造として考えています（図１-１）。そして、この報告書では、従来の教科の学習を基盤にしながら、他者と協働・協調する対人的なスキルも重要な力になると位置づけています。

たしかに、この報告書で指摘するように、人の能力・技能、あるいは知識を単一のものとして説明することには無理があるでしょうし、思考力や知識を実際の生活の中で活かしていくためにも、基礎的な知識が習得されていなければならないかもしれません。学習論や学力論として、主体的な学びと基礎知識の習得という、いわゆる問題解決学習と系統主義的知識習得の二つを統合するという考え方は受け入れやすいですし、児童・生徒を指導していくうえでも、能力や学力は多元的に構成されていると考えるのは現実的な発想でしょう。しかし、問題解決学習と系統的知識習得の考えを教育目標としてどう実際に統合していくのかは、図に示されているほど簡単なことではありませんし、実践現場の課題は大きいでしょう。

問題解決学習を通して基礎的な知識を身につけていくことは本当にできないのでしょうか。正しい問題解決学習の実践では、目の前にある問題に主体的に取り組むことで基礎的な知識や技能も同時に習得できるという主張もあるのです。このような考え方であれば、あえて多層構造を想定しなくてもよいのです。問題解決型の学習の可能性については、この後の第4章で取り上げたいと思います。

2　コンピテンシー・ベースとその問題

新しい学習指導要領では、これまでの教科内容に基づいた知識の習得を重点に置いたコンテンツ・ベースと異なり、ＯＥＣＤのキー・コンピテンシーの発想によるコンピテンシー・ベースの学習論になっています。コンピテンシー・ベースとはどのようなものでしょうか。それは、これまでの学習指導要領が指導する内容を中心にして「何を学ぶか」だったのに対して、「どのように学ぶのか」、「何ができるようになるか」に重点を置いたものです。この「どのように学ぶか」が、「主体的・対話的で深い学び」の活動に相当するものです。

コンピテンシー・ベースの発想では、コンテンツ・ベースのような教科に特化した学習ではなく、すべての教科で、１知識及び技能、２思考力、判断力、表現力等、３学びに向かう力、人間性等、の三つの柱が学習目標として設定されています。

ここで問題になるのが、思考力、判断力、表現力の活動であるアクティブ・ラーニングを特定の教科に限定させないで、すべての教科で行うという考え方です。たとえば、表現力は、国語科では言葉によって表現する活動に容易に結びついていますし、協同で活動するための言葉による表現は、どの教科でも前提になっており、無理のない位置づけ方です。ですが、図工・美術や音楽といった芸術系の教科では、言語に限定しないで表現活動をすることはありえることです。そして、体育の教科で思考力や表現力を育てていくといった時、具体的にどんなことを想定すればよいのか、かなり難しいものがありますし、一層の工夫が求められてきます。社会科と理科の二つも思考力、判断力、表現力が求められる活動でしょうが、同時に知識や技能の習得も大切になっています。

学習指導要領で重視されている学習の三つの柱の具体的な内容がどのようなものかは、教科の内容や、学年で使われる教材によっても自ずと異なってくるはずなのです。そうなると、コンピテンシー・ベースの発想もコンテンツ・ベースとリンクさせなければならないでしょう。そこで、「何を学ぶか」と「どのように学ぶか」を結びつけていこうということになり、新しい学習指導要領では、知識の系統性を重視する「系統主義」の学習観か、問題解決力を重視する「問題解決型」の学習観か、あるいは「詰め込み」か「ゆとり」かといった、二項対立の議論を超えることが可能になるとされたわけです。

ですが、それがはたして実際に可能なのかどうかということです。つまり、「何を学ぶか」と、「どのように学ぶか」を具体的にどうリンクさせるのかという問題なのです。「どのように学ぶか」を具体化した主体的・対話的な学びの中で、どのような内容とテーマで議論するのか、そこで求められる活動の形態はどのようなものかを具体的に吟味、検討しなければ、授業の展開は難しくなってきます。もちろん、学習指導要領ではその方策は具体的に述べられてはいませんし、多少の参考になる情報は文部科学省のＨＰにあげられてはいますが、ほとんどは授業実践者に委ねられています。

対話的な学びをどの教科でも行うというコンピテンシー・ベースの発想がどこまで可能か、その課題も考えてみましょう。「対話的な学び」という掛け声だけでは、協同的活動によってどのような学びの深化が可能になるのかは不明です。実際の学校現場では、教師は具体的な教科とその内容に則しながら対話や協同の中での議論展開を想定しなければ、生徒が何のための議論なのか実感することができないものになりかねません。そこではまさに、「何を学ぶか」という各教科の具体的な内容と常に結びつけながら、協同の活動として「どのように学ぶか」を具体化していかなければならないということです。

3　学習指導要領における深い学びとその問題

（1）深い学びがめざしていること

学習指導要領では学びの姿として、主体的、対話的な学びと並んで、深い学びがあげられています。それでは、深い学びとはどのようなものなのでしょうか。またその問題についても考えてみます。

先にみたように、新しい学習指導要領では学びの目標として、１　知識及び技能、２　思考力、判断力、表現力等、そして、３　学びに向かう力、人間性等を高める、の三つの柱が設定されています。そこでは、生きて働く知識・技能の習得と、未知の状況にも対応できる思考力、判断力、表現力等の育成がめざされています。これが深い学びに関わっているものです。１と２は、かつて、問題解決能力の育成をめざすものとして考えられてきたものとほぼ同じなのですが、今回の新しい学習指導要領では、別の目標も新たに設定されています。つまり、学びを人生や社会に生かす力、人間性等の涵養を深い学びとして含めているのです。実社会で働く人びとが連携・協働して社会における課題を解決していく様子を知ったり、実社会の人びとの話を聞いたりすることで、社会とつながる知識や経験を広めていこうとするものです。

ここで問題になるのは、深い学びを主張している人たちは、実社会での社会的成功をめざした人間を大学で育てていくための教育を議論していることです。深い学びの原語は、ディープ・ラーニングですが、深い学びの考え方を主に提唱している松下や溝上が主に議論している対象は、大学の授業とその改革です。たとえば、松下編の『ディープ・アクティブラーニング』（2015）では、副題が「大学授業を深化させるために」とあるように、アクティブ・ラーニングの視点から大学の授業改革を論じています。そこでは、大学の講義内容の理解とその深化のあり方が中心になっています。たしかに、大学教育ではその分野の基礎知識や必要な知識の体系の提示に加えて、その先の研究の背景にあることや課題等を学習者が主体的、能動的な学習によって自ら確認し、問題解決へと進んでいくことが期待されるわけです

大学の教育改革として、講義形式の授業であっても学習者参加型にして学生の発言を促したり、グループによる議論のかたちを取り入れることは必要であって、これまでの大学の授業では、この種の改革の発想が弱かったことは確かでしょう。ですが、深い学びとして大学教育を対象にして議論されてきたことをそのまま初等・中等教育段階における深い学びの議論に当てはめられるでしょうか。自ずとその内容も異なってくるはずです。新しい学習指導要領では「主体的・対話的で深い学び」というように、主体的の後に深い学びが続いています。小学校段階での授業で、深い学びをどのように考えればよいのでしょうか。学習内容を深く理解するということを言うのであれば、あえてディープ・ラーニングという特別な用語を使う必要もないでしょう。実は、ここには、社会

が求めている資質・能力の基礎となるものを小学校段階でも育てていこうという意図があるのです。そのことを次に確認してみます。

(2) 求められる資質・能力は、経済的・職業的成功のためか

先の松下や溝上らには、ディープ・アクティブラーニングを大学の教育改革として議論をしながらも、他方では大学の教育機関を社会における職業的達成や企業におけるキャリアの実現として考える発想があります。ですから、溝上・松下が編集した『高校・大学から仕事へのトランジション』(2014)の議論も、下手をすると大学を職業教育の場にしてしまいかねないのです。人間にとって学ぶということは、経済的な裕福さや職業人として成功を収めるためだけのものではありませんし、高等教育での学びも、職業人育成だけが目的ではありません。そもそも大学教育の議論をする以上は、大学教育の重要な役割を担っている教養教育のあり方、さらには人生の中で何をめざす学びなのかという、生涯学習にまでわたる広い視野から考えていくべきなのです。

前のところでもふれましたが、新しい学習指導要領の作成の基礎として使われたOECDのDeSeCoのキー・コンピテンシーでは、経済的生産性を高めていくという経済的、職業的な成功が学習の最終的な目標として置かれています。ですから、新しい学習指導要領でも「よりよい学校教育を通じてよりよい社会を創るという目標を共有し、社会と連携・協働しながら、未来の創り手となるために必要な資質・能力を育む」という、社会に開かれた教育課程であるとか、「学びを人生

や社会に生かそうとする学びに向かう力・人間性等を涵養する」といった言葉が盛られているのです。

当然のことながら、資質・能力として、大学等を終えて社会に出た時の経済的、職業的成功や、企業が求める経済的発展に寄与していけるような人材育成の視点だけで論じることには大きな疑問があります。ですから、この章のはじめのところでも取り上げた安彦は『「コンピテンシー・ベース」を超える授業づくり』（2014）で、経済的、職業的達成のためだけの資質・能力の発想を批判し、むしろコンピテンシーとして、環境問題も含めた持続可能な開発・発展を支える能力をこそ位置づけていくべきだ（p.92）と述べています。一つの重要な指摘です。

ＯＥＣＤのＤｅＳｅＣｏのキー・コンピテンシーの能力には、経済的な生産性に寄与していくような側面を重視するだけでなく、生涯にわたって個人の人生の豊かさを実現していくことをめざすという、もう一つの価値観もたしかに含まれています。ですが、それを実現していく能力を位置づけているようにみえても、それは結局、個人の経済的な地位や経済・財政的な豊かさを前提にしているのです。明らかに、ＤｅＳｅＣｏのキー・コンピテンシーの能力は、欧米の典型的な資本主義の論理で完結しているのです。

はたして、人の人生の豊かさは、経済的なものだけで決定されるのでしょうか。そこには、生涯発達の中でどのような人生を送ることが人間としての豊かさなのかという、本質に関わる問題があります。今日、生涯学習としていかにして自己を実現していくかということが問われています。たとえば、成人期以降で人はどのような人生を過ごし、自己の人生をどのように評価していたのかを継続的に調査した複数の縦断的研究があります（ハーバード成人発達研究、バークレー研究など）。これらの研究では、40歳以降、自分が最も大事にしていたことを人生の目標とし、その実現をめざしていた人が自己の人生を肯定的に受けとめています。それは決して経済的なものでも、社会的な地位の高さだけをめざしたものでもありませんでした。

4　学習指導要領の対象の拡大

今回の新しい学習指導要領は、これまでの学校教育段階での教育改革を超えた発想が盛り込まれています。それは就学前の幼児教育と小学校段階での教育改革とを連動させることであり、高等学校段階とその後の大学教育との連携を見越した論議です。これらは、これまでの学習指導要領ではふれることがなかったものです。

(1) 幼児教育を取り込んだ教育改革とその問題

今回の学習指導要領の改訂では、小学校の教育と連動させて幼稚園教育要領も改訂され、すでに２０１８年から完全実施されています。そして幼稚園における幼児教育の役割を一層重視させることと同時に、保育所保育指針でも、３歳以上児については保育所の役割として、保育だけでなく幼児教育の働きも担うような改定をしています。幼稚園が果たしている役割と同様に、3歳以上児の認定こども園、保育所にも幼児教育を行う施設という性質を位置づけたのです。幼稚園、そして3歳以上児の保育所と認定保育園については、幼児教育の機関として、小学校からの学校教育の基本的な目標である「資質・能力」の基礎を育てていこうというわけです。

幼稚園教育要領についてもう少し詳しくみていきますと、先の小学校からの学校教育と同じように、幼稚園の教育でも、1　幼児教育の資質・能力としての知識・技能の基礎、2　思考力・判断力・表現力等の基礎、そして、3　学びに向かう力、人間性等、の三つの柱を位置づけています。そしてこの三つの目標を幼稚園教育の5領域、健康、人間関係、環境、言語、表現を通して養うということです。いわゆるアクティブ・ラーニングの基礎を育てることが幼稚園教育の基本的目標となっているのです。

このように、幼稚園教育要領では、就学前の段階から教育的な意味づけを強めていくことで小学校段階からのアクティブ・ラーニングとの連続性を持たせ、ひいては従来から言われている、小学校に入学したばかりの1年生が学校生活になじめない「小1プロブレム」の解消もめざそうということが含まれています。ですが、明らかに幼稚園の活動と小学校の教室におけるそれとは自ずと異なっており、子どもたちは教育機関によって異なった経験をしているわけです。下手をすると、幼稚園教育が小学校教育の準備教育としての受け皿になってしまい、幼稚園教育や保育所の保育の独自性が失われてしまうことが危惧されます。

幼児期の教育をアクティブ・ラーニングとの連続性や、そのための準備教育として位置づけてしまうとその独自性は失われてしまいます。幼児期は個人の発達の違いも大きいし、そもそも幼稚園教育は多様な個性的な実践を展開しています。その独自性を失ってはならないのです。

議論すべきことは、幼児期の子どもの成長にとって何が中心になるべき活動なのか、つまり幼児教育で重点的に取り組んで子どもの成長を高めていくものは何なのかということです。幼児期は遊びを通して共同性や表現性、さらには言語表現や思考力の基礎になる象徴や表象能力などを養っていきます。幼児期の発達とそこで求められるべきものを、小学校のアクティブ・ラーニングを下に降ろしてそのための資質・能力としてしまう発想は、間違っていると言わなければなりません。

（2）高等学校と大学教育の接続

学習指導要領の改訂と連動しながら、一つの改革の動きが進んでいることをみていきたいと思います。ここ数年の大学の教育改革です。これまでの大学を中心とした高等教育機関における教育内容については、とかく知識伝達型のものが多いと言われ、学生は受け身なかたちでしか授業を受けていないことが多かったかもしれません。特に、多数の学生を一斉に教える大教室の授業ではそのことが顕著でした。これまでの大学の教育で、学生が習得していくべき専門的な知識や高等教育を受けたことに値するような知性を育てているのか、その見直しを始めることは重要です。これまでの大学教育の実践については議論されることが少なかったですし、授業実践を他の教員と共有するといったことはほとんどありませんでした。このような高等教育にありがちな風潮をアクティブ・ラーニングへと変えていこうとする意義は大きいものがあるでしょう。

それでは、大学教育におけるアクティブ・ラーニングとはどのようなものであるかと言えば、実にさまざまなものがそこに含まれており、何をもってアクティブ・ラーニングとするか、その内容を特定化することは実際にはなかなか困難です。たとえば、学生参加型授業と称される授業には、コメントや質問を書かせフィードバックする、理解度をクリッカーやレスポンス・アナライザーで確認する、授業の最後に小テスト、あるいはミニレポートを課す等々が含まれます。協同学習を取り入れた授業と言われているものも、従来の大学での演習形式のものと同じようなものですし、課題解決学習、あるいは課題探究型の学習も、自ずと演習形式では単にテキストの紹介を超えた内容を求めるのが通例で、そこにも問題解決的要素は含まれているのです。このように、アクティブ・ラーニング型の授業形態といっても実に多様ですし、すでに大学教育では長い伝統の中で実践しているものも多いのです。

積極的に学習者の活動を位置づけ、理想的なアクティブ・ラーニングの授業と言ってよいものにProblem-Based Learning や Project-Based Learning があり、共にＰＢＬと言われているものです。これらは看護教育で取り組まれることが多く、看護の現場で実際に起きている問題を学生たちが協同で議論したり、情報を収集しながら問題を解決していくというものです。これはかなり以前から日本でも積極的に取り組んでいるところも多く、改めてアクティブ・ラーニングで言われる以前から存在していたものです。

大学教育の中でアクティブ・ラーニングを実効あるものにするためには実に多くの課題があって、決して容易なものではないことは、看護教育で行われているPBLの授業を考えてみればよく分かります。たとえば学習観の大きな転換と教員同士のコンセンサスを図ることから始まって、指導者の指導資質も含めてさまざまな準備と課題をクリアしていくこと、さらには実際の授業展開の反省と分析といった研究の蓄積が必要で、一朝一夕にできるものではないということです。あるいは、ここまで完成度の高いアクティブ・ラーニングではなくて、演習形式で行っている学習者参加型の少人数の授業であれば、アクティブ・ラーニングと言わずともすでに大学教育の中で行っていることであって、取り立てて大学教育の改革として言及せずともよいという議論も十分に成り立つことです。

それではどうして、高等教育におけるアクティブ・ラーニングなのでしょうか。そこには、先の初等・中等教育の改革をめざした新しい学習指導要領の策定の背景にある考え方とも共通している、社会で有用な人材と能力を育成していくという能力観があります。情報化が加速し、多様化した社会の中で生きていくためには、自ら知識を使い、情報を発信し、積極的に新しい仕事や活動を展開していく創造性が求められていることに呼応したものなのです。他者ともうまく関わることができるコミュニケーション能力やチームワークを育てていくためには、高等教育機関であっても講義によって知識を一方的に教えるだけでは不十分だという意識があります。いわば大学人が大学教育の目標として、社会や企業が求める人材を養成することを積極的に位置づけるようになったということです。今回の学習指導要領の改訂でめざそうとしていることは、これまでの初等・中等教育の学校教育段階を超えた大きな規模のものになっているのです。

そして、もう一つ大学の制度改革でめざされているのが、大学の入試方法です。今回の学習指導要領の改訂と、その動きの中で大学入試改革に関わっている一部の人たちからは、しばしば「学習指導要領は高大接続改革で完成する」という言葉を聞きます。その一環として、大学入試も大きく変えていこうとしているわけです。昨今マスコミでも盛んに取り上げられている大学共通テストと記述式の問題の導入です。そして民間英語試験です。これらはいずれも再検討というかたちになっていますが、たとえば国語の教科を考えると、そこでは読解力や表現力を記述内容で質的に評価するという、決して入試という限られた時間では適切に処理できないようなことを想定しています。たしかに、思考力や表現力を重視するという考え方は大事なのですが、大学入試の改革によってこのような思考力、判断力、そして表現力を育てることに拍車がかかるようになるといった「上からの改革」は、順序が逆になっていると言わなければなりません。

5　学習指導要領の議論で残しているもの

これまでみてきたように、新しい学習指導要領でめざされていることは幼児教育から高等学校段階までの学校教育、さらには大学の高等教育の改革にまで及んでいます。そして、学習指導要領で議論されていることには、実に多くの問題と疑問があることもみてきました。ここでは、教育の主人公である学習者の視点から、この教育改革の問題を考えてみます。

(1) 協同的な学びについて

新しい学習指導要領では、知識基盤社会の中で情報を収集していく自律性を資質・能力として位置づけています。そして、実社会に出た時に、他者とうまく関わり、企業社会の中で社会人として成功していくための術を身に着けていくことを学校教育段階で育てることを目標にしています。他者との対話や協同的な活動の目標も、結局は自己の学びを深めていくことではなく、うまく他人とコミュニケーションを取ることができる人間になることです。

そこでは、他者と関わることが苦手な生徒は脇に押しやられ、個性と独自性を持った児童・生徒が疎んじられることになってしまいかねません。はたして、人とうまくコミュニケーションを取れることだけが求められる資質・能力なのでしょうか。

新しい学習指導要領では、学習活動の基本として、対話的、協同的な学びが重視されています。それは幼児教育から大学教育を通したすべての時期を通して培われるものとして位置づけられています。学習を協同の活動として考えることは大切な視点です。ですが、協同や対話の活動の姿とその意味は、年齢によって異なっています。学習指導要領では、幼児教育から高等学校、さらには大学の教育まで、学年や発達水準の違いを考慮しないで一般論として論じているところがあります。実際には、小学校段階のことを考えても、小学校低学年と中・高学年の教室における対話活動とそれが持っている機能的意味は、かなり違っています。たとえば、小学校1、2年生の場合は、仲間と自由に意見を言い合うこと、違った意見を受け入れることを教室の価値観としていくことが重要です。そこでは、まずは対話と協同的活動が展開されていること、それ自体に主眼が置かれるのです。小学校の中・高学年になると単に対話をすることだけでなく、異質な意見を通して自己の考え方や知識内容を見直していくという、対話の本来の働きを実現していくような対話活動が始まります。ここではより進んだ、対話の本来的な働きが可能となっています。もちろん、それは、小学校低学年や幼児期における異質な考え方を尊重するという経験が基礎になっていることは言うまでもありません。

さらに、中学校の段階では、対話活動や対話し合う関係の重要性を意識し、まさに対話とはどのようなものであるかを自覚できるメタレベルの段階になっていきます。実はこのような対話活動の発達的な移行とでも言うべきことを、すでに松村（2001）は早くから指摘していました。教室の子どもたちの実際の活動を直接肌で感じている先生方は、実感として知っていることでしょう。

さらに大事なことは、新しい学習指導要領で強調されているコミュニケーション能力の育成についても、何のためのコミュニケーションなのかという本質的な議論が十分に行われているとは思えないのです。私たちはなぜ、他者と関わり、他者とつながっていなければならないのでしょうか。

そもそも私たちにとって、他者という存在はどういう意味を持っているのでしょうか。もっと具体的な学校の教室の場を考えた時、なぜ他者と共に考え、学んでいるのでしょうか。コミュニケーション能力の育成という表面的な議論だけではないはずです。たとえば、協同の学習は児童・生徒のコミュニケーション能力を育てるためであるといった、言葉の機能の一面的な部分だけが強調されてしまっています。下手をすると、言葉が相手とつながるためだけの道具になってしまい、その能力を育てることに教育の目標が置かれてしまうことになってしまうのです。この種の危惧は、何も今日に始まったことではありません。40年以上も前に三嶋唯義は、ブリース・パランの『ことばの思想史』（1942）の訳者序文で、人間同士の対話をあたかも言葉というボールを用いたキャッチ・ボール遊戯（ゲーム）であるかのように考える社会通念が支配していると憂えています。

対話や協同の学びは何をめざすべきものなのか、あるいはそもそも、対話とか協同の活動とは人間の発達や学習にどのような意味を持っているのかをもう一度原点に戻って考えてみなければなりません。対話や協同の学びに取り組んでいる学校現場の実践者の方と理論的視点を共有し、明日の教育実践のあるべき方向を真剣に議論すべきなのです。

（2）何のための学習と発達か——学習者の学びの目的、人格レベルの議論の必要性

学びの本質的な目標は何でしょうか。人間の発達と学習を考えていくうえでの理論的基礎を提供してくれている人に、ロシアの発達心理学者のヴィゴツキーがいます。彼は学習の活動を通して発

達が導かれることを強調しています。そして、学ぶということと教わることを切り離すことなく、教授・学習を表裏一体のものとしているのです。そして、彼は、学習は学習者が何の教育的働きかけもない孤立無援な中では起きないとも言います。これは教育の本質を言いあてたもので、この新しい学習指導要領の思想と何ら齟齬を来すようなものではありません。

ヴィゴツキーが教育と学習という活動が一つのセットであることを端的に述べたものに「発達の最近接領域論」がありますが、子どもが今までできなかったことからできるようになるのは適切な働きかけが大きく関わっているということです。そして、この「発達の最近接領域」を構成しているもう一つが学習者同士の協同の活動であり、それが互いの学びを刺激、支え合う働きをしているということです。新しい学習指導要領でも強調されている、協同の学びを理論化したものです。

ここでヴィゴツキーの理論で注意をしておくべきことは、「発達の最近接領域論」は、学習を通しての個々の学習者の自己発達を論じたものだということです。それは、彼が強調する「発達の自己運動」です。彼が亡くなる一年前に書いた「子どもの発達の年齢的時期区分の問題」（1933）では、発達は「先行する段階では見られなかった新しいものが絶えず発生し形成される人格の不断の自己運動過程である」（邦訳 p.25）と述べています。学校の学びで言えば、学習の活動やその経験を自己の内部に取り込み、自分なりに意味づけていくことで発達や意識が形成されるとしたのです。発達は外からの働きかけ、つまり教育の作用だけでは得られないということです。

このようなかたちで自己の中で形成されたものは、まさに彼が人格と言っているものです。このような考え方からは、学習することとは、一人ひとりの学習者として生きていくために必要な学びの目標に向かって、まさに自己の人格を形成していくことです。人間としての価値づけを持った目標に向かって文化的なものを自己の中に取り込み、自己として生きていくことをめざすこと、これが学びの本来の姿ということでしょう。決して経済的、社会的な成功を可能にすることをめざすような資質・能力だけが学びの目標ではないということです。

第2章　アクティブ・ラーニングがめざしているもの
——二つの学力論の対立とその克服

この章では、新しい学習指導要領の学力論として取られているアクティブ・ラーニングの考えには、二つの学力論とその論争・対立の解消をめざすという意図があることをみていきます。アクティブ・ラーニングやキー・コンピテンシーについては、前の第1章で詳しくみてきましたが、新しい学習指導要領で知識・技能の習得、思考力・判断力・表現力を身につけていく、そして主体的に学び、社会性も育てるという多面的な学力を形成していくことがめざされているわけです。

これまでの長い学習指導要領の改訂の歴史の中では、学力論として問題解決学習を重視するか、それとも基礎的な知識・技能の習得を目標にした系統的な知識の形成かという、二つの流れがありました。今回の学習指導要領では、これまでの長い間の論争に終止符を打とうしているわけです。コンピテンシー・ベースの考え方には問題解決学習の側面があるのですが、同時に基礎的な知識の習得という発想もあります。

それでは、今回の学習指導要領では、問題解決学習と知識の系統的学習とをうまく折り合いをつけて統一が可能になっているのでしょうか。その問題を考えます。

1 新しい学習指導要領は、二つの学力論の対立を解消できたのだろうか

新しい学習指導要領の最大の特徴は、これまでの学習指導要領の内容の中心だった「何を学ぶか」に加えて、「どのように学ぶのか」、「何ができるようになるか」という視点を加えたことです。第1章でも少しふれておきましたが、コンピテンシー・ベースでは教科内容を超えて思考力、判断力、表現力の習得がめざされています。これまでの教科内容に基づいて学習やそこで得られる学力を考えていくコンテンツ・ベースの考えからの脱却を図ったものです。新しい学習指導要領では、「何を学ぶか」と「どのように学ぶか」を結びつけることによって、これまでの知識の系統性を重視する「系統主義」の学習か、問題解決力を重視する「問題解決型」の学習か、あるいは「詰め込み」か「ゆとり」かといった二項対立的な議論を超えようとしたのです。

それでは、コンピテンシー・ベースとコンテンツ・ベースをどのように折り合いをつけようとしているのでしょうか。学習指導要領の改訂の理論的検討を担った文部科学省の国立教育政策研究所の研究からみていきましょう。この研究所が出している『資質・能力［理論編］』（2016）では、教科の内容と学習、コンピテンシー・ベースである資質・能力目標を意識することと学習との間をそ

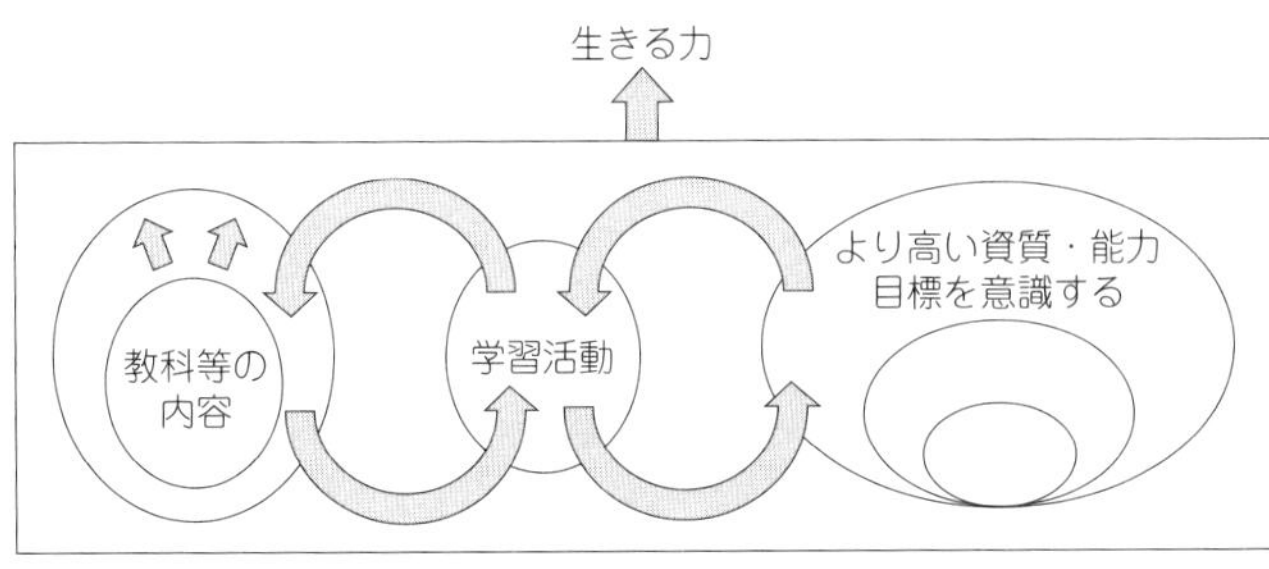

図 2-1　学びのサイクル（国立教育政策研究所（編）p.157）

れぞれ円環的なサイクルで説明しています（図2-1）（p. 157）。ですが、その記述内容は抽象的なものです。

この図では教科内容の学習と、アクティブな学習活動である思考力、判断力、表現力との関係ははっきりしません。そこでもう少し各教科の学習と資質・能力との関係を示したものを探してみましょう。これが表2-1ですが、これも抽象的な内容の域を出ていません。少なくとも、学習指導要領でめざそうとしていることに踏み込んだ内容のものを期待するのですが、ここからは現場教師が明日の授業で子どもたちにどのような活動を展開させたらよいのか、その方策はみえてきません。そもそも、文部科学省のHPにある『学習指導要領方策集』も具体性に乏しい「方策集」です。

次に、コンテンツ・ベース（教科内容の知識）とコンピテンシー・ベース（思考力・判断力）の関係についてさらに論じているものをみましょう。先の国立教育政策研究所の『資質・能力［理論編］』の第3章「そもそも資質・能力とは何でしょうか」です。ここでは、コンテンツ・ベースを「内容知」、コンピテン

表 2-1　各教科と資質・能力との関係（国立教育政策研究所（編）p.159）

		能力・学習活動の階層レベル（カリキュラムの構造）	資質・能力の要素（目標の柱） 知識	スキル 認知的スキル	スキル 社会的スキル	情意（関心・意欲・態度・人格特性）
教科学習	教科等の枠付けの中で学習	知識の獲得と定着（知っている・できる）	事実的認識、個別的技能（機械的作業）	記憶と再生、機械的実行と自動化	学び合い、知識の共同構築	達成による自己効力感
教科学習	教科等の枠付けの中で学習	知識の意味理解と洗練（わかる）	概念的知識、複合的プロセス	解釈、関連付け、構造化、比較・分類、機能的・演繹的推論		内容の価値に即した内発的動機、教科への関心・意欲
教科学習	教科等の枠付けの中で学習	知識の有意味な使用と創造（使える）	原理と一般化、方法論（思考を伴う実践）を軸とした領域固有の知識の複合体	知的問題解決、意思決定、仮説的推論を含む論証・実験・調査、知やモノの創発（批判的思考や創造的思考が深く関わる）	プロジェクトベースの対話（コミュニケーション）と協働	活動の境的レリバンスに即した内発的動機、教科観・教科学習観（知的性向・態度）
総合学習	学習の枠付け自体を学習者たちが決定・再構成する学習	自律的な課題設定と探究（メタ認知システム）	思想・見識、世界観と自己像	自律的な課題設定、持続的な探究、情報収集・処理、自己評価		自己の思い・生活意欲（切実性）に根ざした内発的動機、志やキャリア意識の形成
特別学習	学習の枠付け自体を学習者たちが決定・再構成する学習	社会関係の自治的組織化と再構成（行為システム）	人と人との関わりや所属する共同体・文化についての意識、共同体の運営や自治に関する方法論	生活問題の解決、イベント・企画の立案、社会問題の解決への関与・参画	人間関係と交わり（チームワーク）、ルールと分業、リーダーシップとマネジメント、争いの処理・合意形成、学びの場や共同体の自主的組織化と再構成	社会的責任や倫理意識に根ざした社会的動機、道徳的価値観・立場性の確立

※網掛け部分は、それぞれの学習活動のレベルにおいて、カリキュラムに明示され中心的に意識されるべき目標の要素。

※認知的・社会的スキルの中身については、学校ごとに具体化すべきであり、学習指導要領等で示す場合も参考資料とすべきだろう。情意領域については、評定の対象というより、形成的評価やカリキュラム評価の対象とすべきであろう。

シー・ベースを「方法知」と表現しています。そして、「内容知」と「方法知」の二つが結びついてくることを次のように説明しています。つまり、はじめは教科等の知識（内容知）の習得が主であったものが、学習が進んでくると（この章の筆者は熟達していくという言葉を用いています）、一つの教科内容をよく理解していくようになり、「内容知」と「方法知」が一体化してくると言うのです。知識を習得していくことで、学ぶことのスキル、つまり「方法知」も生まれるし、さらには学びへの態度も含んだ人間の知的能力全般へと成長していくとしています。実は、このように説明している時に使われているのは、認知心理学の分野で広く研究が行われた「熟達化」の研究成果です。「熟達化」というのは、ある領域で熟達した水準に達した人は、構造化された豊富な知識によって現象をうまく説明し、予測して自分の認知過程を評価（メタ認知）して適切な行為を取ることができるようになるというものです。このことを根拠にして、「内容知」から「方法知」も得られるとしているわけです。それでは、この説明は正しいのでしょうか。

子どもが特別の能力を発揮させた「熟達化」の例として、盤面に置かれたチェスのコマの場所を記憶する課題では、子どものチェスの有段者の方が素人の大人（大学生）より優れていたという研究があります。ある分野で熟達した子どもは、大人顔負けの記憶や推論能力を見せるということです。この研究からこの章の筆者は、「熟達によって質の高い知識に基づいた思考や判断ができるようになり、自分の欠けているところをメタ認知して更に学ぶことをできるようになったためです」（p.36）と述べています。ですが、実際にここで使っているチ（Chi 1978）のチェスを使った研究で明らかになっているのは、子どもが優れた成績を示したのはチェスのコマを憶えるという課題だけであって、汎用性の高い能力を示したのではないということです。これまでの多くの熟達化研究では、特定の分野で優れた知識や技能を持った熟達者はその特定分野で使える知識データベースがあるからで、それは決して他の分野にまで広く使えるようなものではないことが示されています。ここから言えることは、知識や技能には「領域一般性」はなく、「領域特殊性」であるということです。

このように、「内容知」から「方法知」が生まれ、さらには両者が一体化されてくるという説明は、ある特定の領域に限られたものであって、学習一般に結びつくわけではないのです。つまり、この章の筆者は基礎・基本の知識を系統的に学ぶこととアクティブ・ラーニングはダイレクトにつながっているという、乱暴な議論をしているのです。そして、次のような順序で学びは進むとしています。「1　ある対象を学ぶスタート時点では、その対象の内容（知識）と資質・能力を分けて考える。前者を新しく学ぶために、後者を使って効果的な学習に従事する。2　学習が進むにつれて、その対象が子供の中の『生きて働く知識』となり、資質・能力の支えや重要な要素となってくる。3　この内容知と方法知とが融合した資質・能力が、更に高次な学習のスタートに使われる」（pp.40-41）。どうして、学習が進むと資質・能力を支えるものになっていくのでしょうか。この重要なところの説明をまったくすることなくこのように結論づけていますが、先に述べたように、これまでの研究を間違ったかたちで使っています。

2　学習と発達の複雑な関係

ここで、国立教育政策研究所が『資質・能力［理論編］』で想定していた「内容知」から「方法知」が得られるという考えを、学習と発達の視点から批判的にみていきたいと思います。

実は、個別の知識や経験内容を習得すること、あるいは獲得することと、思考力・判断力が形成され、発達することとの間には、いまだに簡単に説明できない難問があるのです。これは、学習と発達という異なった時間単位で起きていることをどう説明していくかという、発達研究の重要なテーマなのです。たとえば、個々の教科の授業から児童・生徒が学んでいく内容と知識がどのように得られるかは、それらの教科内容からある程度特定可能です。もちろん、学習者の理解の仕方は、教材の内容とまったく同じではないことは言うまでもありません。

ところが、学校の学期単位、あるいは1年間、さらにはそれ以上の長期間で児童・生徒が学習を通して成長していく過程は、まさに、個々の学習者の発達という変化であって、単純に個々の授業内容を要素として積み上げるだけでは明らかにできないのです。発達と学習とは同じではないということです。別の説明原理が必要なのです。かといって、両者はまったく別々なのではありません。そこには複雑な相互関係があって、それを今でも十分に説明できる理論はないのです。

たとえば、発達理論として有名なピアジェの理論がありますが、これはいわば時間単位を大きくしたマクロな発達変化の理論です。ですから、人間の成長変化という十数年間の時間変化で説明したものなのです。そこでは、学校で学んでいく個別の教科内容とそれを通した知識・理解という具体的なものは一切入ってこないで、あくまでも論理的な思考へと向かって行く人間の発達の姿を論じたものなのです。いわば「領域一般性」としての概念や知能の発達の姿なのです。この理論で、教室の中での毎日の学習で学んでいくミクロの時間単位で起きていることからマクロな発達変化を説明することはできないのです。時間単位が違うからです。そして、小さな時間単位のミクロな学習では、決して予定調和的なかたちで知識・理解は進んでいません。学習者は決められたレールの上を動くように教科内容を機械的に学ばないのです。そこではジグザクの変化をします。あるいは学習者は、皆同じ知識・理解に到達しないのです。ですから、もう一人の有名な発達研究者であるヴィゴツキーは、ピアジェのような予定調和的な発達変化の過程を言わなかったのです。彼は教室の学習で起きているミクロな発達の変化にこだわったからです。そこでは、まさに微視的な変化こそが学習の現実の姿だからです。

発達と学習についての研究者は、このミクロな学習過程とマクロな発達変化とを連関させて、まさに発達の問題を学習過程で起きていることから解き明かすという課題を持っています。しかしいまだに、そのことを説明可能な理論枠を持ち得てはいません。ですから、当面は経験則のレベルで、学校の中で学んだことを基礎に、人は数年間の間で発達変化をしているとしか言えないのです。このような研究の現実を考えた時、先にみたような「内容知」から「方法知」が得られるなどといった単純な説明は成り立たないことが分かります。

3　学力の多層構造という発想

新しい学習指導要領で取られている学力論と能力論は、三層構造という考え方であることをこれまでみてきました。そして、このように学力を捉えようとしているのは、学力論として「系統的な知識の習得型」か、それとも「問題解決学習型」かの論争に終止符を打って、まさに21世紀にふさわしい学力モデルを立てるためでした。

このようないわば学力を多層的な構造としてみていこうとする考えは、今回の新しい学習指導要領ではじめて出されたものではありません。近年では、志水宏吉が２００２年に三つの学力というモデルを出しています。さらに時代を遡って、１９５０年代に広岡亮蔵が学力の層構造論を出しています。系統主義教育と問題解決学習の二つを統合していこうという発想は、このように根強くあったのです。

ここで、まず志水の学力モデル、次に広岡のものをみていきますが、広岡の学力論とその問題についてはこの後の第３章で詳しくみますので、ここではその概略を確認するだけにしておきます。

志水は学力を三つの異なった構成要素からなるものとして考え、これを「氷山」に喩えて説明しています（図2-2、左）。知識・理解という測定可能なものはいわば海の上に出ている部分で、Ａ

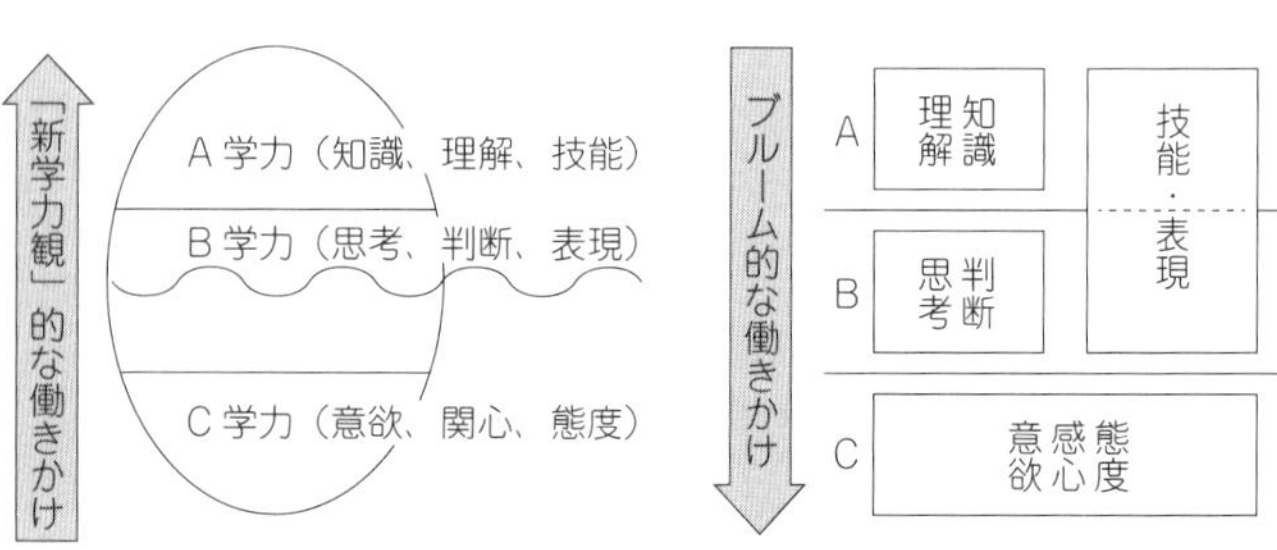

図 2-2　志水とブルームの学力モデル（2002）

学力です。思考・判断といったペーパーテストでは測ることができない思考、判断、表現がB学力です。これはA学力の試験の成績に強く関わっています。二つの学力の下にあってこれらを支えているものが、C学力の意欲・関心・態度です。B学力とC学力はペーパーテストによって点数化できるものではないという意味で、海面下にある「氷山」のようなものです。そして、学力を構成しているこれら三つは相互に関連し、どれか一つだけでもって学力を説明はできないというのが志水の主張です。

彼の考えと似たような学力論を唱えているのがブルームです。ブルームの場合は、知識・理解の定着から関心・意欲が発展的に生まれてくる（図2-2、右）と考えますが、ブルームとは違って逆に関心・意欲があるから知識と理解が進んでいくという方向（図2-2、左）もあって、微妙に学力論としての違いがあります。志水の場合はこのような影響の方向についてどちらかの立場を取るということはなくて、あくまでも三つの学力は相互に関連しているにすぎないと言います。彼は、学力論としては「あれかこれか式」のどちらを取るかといった議論は意味をなさないとしてい

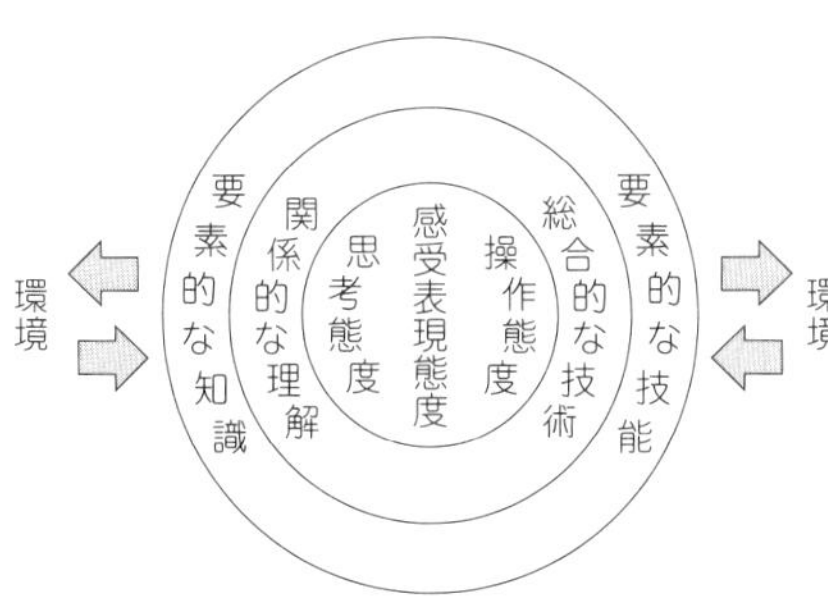

図2-3　学力の層構造（広岡 1964）

ます。

もう一つ学力の多層モデルが、広岡亮蔵の学力モデルです。広岡は戦後日本の新しい教育の改革がめざされた1950年後半から1960年代に活躍した教育学者です。彼が出した学力モデルは、その当時新しい学習指導論として登場した問題解決学習論と、それを批判した系統主義学習論との間の論争で、両者を折衷するかたちで出されたものです。知識の系統的学習や基礎的学習を重視する立場からすると、問題解決学習では実践的な経験や知識を学ぶことができる良さはあっても知識を系統的に身につけることができないと危惧します。そこで広岡は、問題解決学習一辺倒ではなく、このような活動を考える場合でもそれらの基礎的な支えとして系統的な知識が必要だとして、学力の多層的な構造を考えたのです。彼は、基礎的な知識を使って実践の問題を解いていくという意味で、「実践的な系統学習」と言っています。広岡はこのような考えから、基礎的な知識・技能と知識相互を関連づけ総合する力、思考、そして感受性といった態度的なものの、三層の学力構造（図2-3）を考えます。これは、彼の『教育学著作集

Ⅰ・学力論』（1968）に収められています。

彼の立場は簡単に系統主義学習論のジャンルに入るものではないのですが、基礎・基本の習得を重視しているということでは系統主義学習のニュアンスが強い学力論です。

4　戦後からの教育改革と学力観の変遷

戦後からの学習指導要領の変遷の中では、問題解決学習と系統主義教育とはどのようなかたちでそれぞれの時代の学力論や能力論に影響を与えてきたのでしょうか。これまでは、２０２０年からの新しい学習指導要領とそこで取られている能力論と学習論について、その10年前の第８回改訂の学習指導要領との連続性に注目してきましたが、ここでは過去10年間の時間幅よりもう少し大きく取って、戦後すぐから今日までの教育改革の流れの中で学力はどのように論じられてきたのか、その概略をみていくことにします。

（1）戦後の教育――戦前の教育からの脱却

日本の教育は敗戦を契機にして、それまでの軍国主義と全体主義を支える教育に大きく変更が求められたのはご承知のことです。画一的な教育の考えは大きく変えられることになり、占領軍の主導によって新しい教育が進められていったのです。占領軍の指導による戦後の教育改革の中で、文部省は１９４６年に「アメリカ教育使節団報告書」に準拠するかたちで新教育指針を出し、また翌年の１９４７年に学習指導要領（試案）が出されています。

そして、新しい教育を定着させるために新しい教育観の下で教科書を大きく変え、そして具体的な現場教育を担い、新しい教育を実現していく教員の養成も急ぎ整備されていきました。この教科書はアメリカ教育使節団の意向が強く反映したと言われているように、アメリカ・プラグマティズム教育の考えが背景にありました。そもそも、第１回の学習指導要領もプラグマティズムの考えを基にしたものでした。

このように、戦後の教育改革のモデルとなったのはアメリカの進歩派の教育と言われている経験主義の教育で、それが戦後の教育改革の方向となったわけです。民主主義の思想を育てることを教科として位置づけていく時に中心となったのが、社会科でした。子どもが自分たちの日常生活で直面した問題を解決していくことで学びを実現していくというプラグマティズムに基づいた教育を、社会科で実現していこうとしました。第１回の学習指導要領は試案という性格のものでしたが、それでも、社会科の教育内容の編成と具体的な教育実践が精力的に行われたのです。

第２回（１９５１年）の学習指導要領の改訂でも、子どもが生活でぶつかる問題を子ども自身の力でつかまえ、考え、問題を解決する活動を中心にした問題解決学習が位置づけられました。学習活動を生活の中で考えていくという、いわゆる「生活単元学習」です。その学習の中心になったのが社会科だったのです。教科の中心として社会科を考え、他の教科もそこに統合するかたちで編成する考え、つまり「中心課程（コア・カリキュラム）」が取られたわけです。この考えで教科やカリキュラムの編成を進めていくコア・カリキュラム連盟も昭和23年（1948年）末には発足し、この運動が全国の教育現場に広がっていきました。

ところが、問題解決学習の考えでは、子どもたちの経験や自主的な学びの活動を重視したり、子どもの地域的な現実生活の面を強調するあまりに、子どもが習得すべき知識や技術、特に体系的な知識を学ぶことが軽視されてしまっているという批判が出てきました。特に、社会を「相互依存で捉えていくという発想は生ぬるい」とする批判や、社会科の中でも歴史教育の分野では、歴史認識を身につけることができなくなるという反論です。いわば、社会科の内容論や系統論からすると、問題解決学習は知識の系統性を甚だしく軽視するものだという主張です。

これが問題解決学習と系統主義学習との論争のはじまりです。教育学者の矢川徳光は問題解決学習やコア・カリキュラムは「這いまわる経験主義だ」という有名なフレーズで批判をします（『新教育への批判――反コア・カリキュラム論』1950）。あるいは算数・数学の学習でも、知識の系統性とその習得を教えることを大切にする立場から、遠山啓は「生活単元学習の批判」（1953）で批判を展開します。彼は客観的世界の背後にある合法則性のすばらしさと、それを発見した人間への感動へとつながっていくことが必要だと言います（p.24）。数量世界の客観的な知識体系を教えなければ、計算力は低下すると危惧するわけです。もちろん、遠山と彼が結成した数学教育協議会は決して子どもたちの生活経験に根ざした理解を軽視するものでなく、自発性と客観的な世界を対立するもの、敵対関係にしてはならないとも言っています。児童の自発性は教育の基本原則であるが、同時に児童の自発性には限界があり、時にはその限界を乗り越えていくような指導も大切であるとしたのでした（p.13）。

（2）学習指導要領の変遷と学習論

日本の教育は戦後からずっと、学力をめぐって系統的学習重視か、問題解決学習重視かのいずれかの二つの極の間を揺れながら進んできていると言ってよいでしょう。系統的学習派は学問や科学の成果を習得していくことが学習の基本であり、学ぶべき知識の内容が教育内容と具体的な教科書に盛り込まれていること、その教育内容は科学性・系統性が重視されるべきだと主張します。これに対して問題解決学習派は、教育の目標として設定されるべきだと系統的な知識の獲得ではなく、自分で考え、問題を自ら解決できる思考や能力こそを学習の目標に設定すべきであると考えます。意欲・関心・態度の重視です。戦後の日本の学力観は、この二つの立場が交代で2回ずつ登場していきます。そしてこの学力観の変化は、ほぼ10年おきに改訂されている学習指導要領の変遷にも影響を与えています。この変化を図2-4のように表すことができます。

学習指導要領の変遷とそこで位置づけられた学力観をいくつかの時期にまとめると、表2-2のようになります。

戦後の初の学習指導要領が試案というかたちで１９４７年に出されて以来、一部の改正を除いて

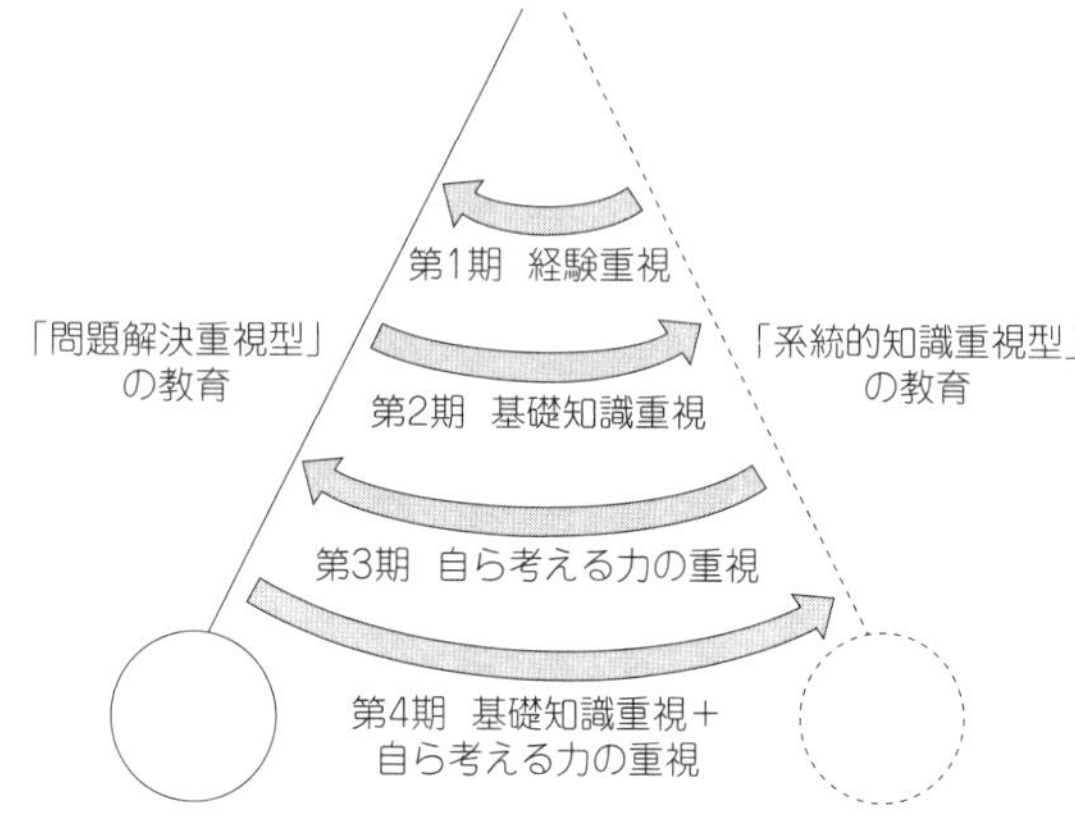

図 2-4　戦後日本の教育改革の動き（志水 2005 より。図を改変）

今日まで全部で８回、学習指導要領が改訂されています。２０２０年からの新しい学習指導要領は第９回の改訂になります。なお、この表の学習指導要領の改訂の年度は、小学校のものです。

表の第１期の１９４７年と１９５１年の第２回の改訂学習指導要領では生活経験を重視し、児童生徒が社会の中で体験したことを通して主体的に学んでいくことに重点が置かれていました。いわば、広い意味での問題解決学習重視の考えです。たとえば、公民という教科が新しく社会科という教科名に変わったのも、その背景にはこの考えがありました。

第２期は、系統的な学習へとシフトしていった時期にあたります。第３回の１９６１年と第４回の１９７１年の改訂で、それまでの生活単元学習や問題解決学習では経験を重視するあまりに系統的な知識が習得されていないことや、学力の低下が叫ばれて、より教科内容や知識習得の系統性を重視する考えに

表2-2　学習指導要領と学力観の変遷

第1期	1950年代	生活経験を重視した学習	【問題解決学習】
第2期	1960-70年代	系統的な知識の習得と基礎・基本の学習の重視	【系統的学習】
第3期	1980-2000年代	詰め込み教育による基礎的学習重視の見直し	【問題解決学習】
第4期	2011年以降	基礎・基本の学習の復活へ	【系統的学習の重視へ】

変わっていきました。新しい科学の発展に対応した現代化カリキュラムも進められていった時期です。ここから問題解決学習か、系統的知識の習得かという論争が本格化します。

第3期では、系統主義教育による知識の詰め込みといった過度な教え込み主義が批判されたり、校内暴力、学級崩壊といった学校教育が抱える新たな問題が出てきて、知識の詰め込み教育が見直されることになります。1980年の第5回の改訂学習指導要領ではゆとり教育が言われるようになり、学校の土曜日隔週休日、そして完全週休二日制へと移行していきます。次の1992年の第6回改訂では、新学力観として教育の個性化がスローガンになり、さらに知識の詰め込みではなく、主体的な学びの活動へとシフトしています。そこで教科の学習内容も大きく削減され、また教科横断的な生活科も新たに設けられています。この後の2002年の第7回の改訂学習指導要領でも、基本的には第3期の「自ら考える力」を重視した問題解決重視型の学習の考えが続きます。この第7回改訂では、「生きていく力」として学力が定義され、学習者自らが考え、問題を解決していく力を育てることに力点が置かれています。「総合的な学習」の時間という知識の応用力を重視した学習活動が位置づけられたことにそれが表れています。

しかし、この「ゆとり教育」で学習時間を減らし、また授業内容も減らした結果、日本の児童・生徒は基礎的な学力が低下しているといった批判が２０００年前後から出るようになります。この批判の始まりは大学の理系の教員から出されたもので、大学の初年時教育の内容を理解できない学生が多くなったという指摘等です。そして、国際学力調査のＯＥＣＤ・ＰＩＳＡの２００３年、そして２００６年の結果が公表されて、２０００年の時と比べて読解力や数学（数学的リテラシー）の学習到達度が低下していたことから、「学力低下」が問題視されるようになります。ここから次第に、学力観の「振り子」は系統主義教育重視へと振られていきます。

２００３年の学習指導要領の一部改訂では、これまでの学習指導要領の内容を超えて、発展的な学習内容も教えるといった方向が出され、この後の第４期の２０１１年の第８回の学習指導要領の改訂では「脱ゆとり教育」へと進んでいきます。ここでは、「生きる力」の育成のために、基礎的な知識と技能の習得に加えて思考力、判断力、表現力という、いわば基礎学力の充実と自ら学んでいく意欲を高めるという二本立てで学力を考える発想を打ち出しています。ですが、自ら学ぶことの目標には確かな基礎学力の習得があるという意味では、知識の系統性を重視する考えにシフトした発想と言ってよいでしょう。このことは、小学校を含めてそれ以前の学習内容をすべての学年で三割程度増やし、年間の学習時間も増やしていることからも分かります。

すでに前のところでみてきたように、２０２０年の第９回の新しい学習指導要領は第８回を基本的に踏襲しながら、その理論的な裏付けとなるものとして、欧米のキー・コンピテンシーの考えを使っているということです。第８回で学習内容を増やしたことはそのままにし、基礎的な知識の習得を重視する考え方を継続しています。

(3) 戦後70年の教育実践を振り返ることの必要性

日本の教育実践の歴史に興味を持つ人以外は、もはやこのような戦後からの教育改革と学力や学習をめぐる論争に目を向ける人は少なくなっているでしょう。ですが、今日の新しい学習指導要領の下で展開されようとしている教育改革、いわゆるアクティブ・ラーニングとその是非について考えていく時、戦後すぐに出されたコア・カリキュラムとそこで位置づけられた問題解決学習、それに対する批判としての系統主義的知識の間の論争は、もう一度振り返って確認をしてよいことでしょう。というのは、新しい学習指導要領で取られている問題解決学習と系統主義的知識習得のいわば折衷的な考え方をどう考えていくべきか、その是非についての答えは、これまでの教育実践の歴史の中に隠されていると考えるからです。

戦後教育をめぐってどのような論争が行われてきたのかについては、船山謙次が『戦後日本教育論争史（正・続）』（1958, 1960）で詳細な議論をしています。この著書は、どちらかというと問題解決学習に対してはマルクス主義的な教育研究の立場から批判的な論調で書かれているのですが、それでも当時の資料を駆使して書かれていて、戦後の教育論争とその内容、性格を知るうえでなお貴重な文献です。

もう一つ、戦後日本の新しい教育の再出発としての社会科という科目の構想と学習指導要領の作成、その後のこの「新教育」への批判の動きについては、太田堯編の『戦後日本教育史』（1978）の中の第2章3「新教育」の内容と方法、第3章2「新教育」の反省と民間教育運動でも詳しく取り上げられています。この本は広く戦後日本の教育の動きを多角的に論じたもので、参考になることが多々あります。

今回の新しい学習指導要領の作成に直接・間接的に関わった識者は、戦後の教育実践史について把握していないはずはないでしょうが、少なくとも今回の学習指導要領とそこから始まった教育改革論議の中では、戦後の学習指導要領がどのような経緯で作成されたのか、またその後に起きた問題解決学習と系統主義学習との間の激しい論争などについてはほとんど取り上げられてはいません。新しい学習指導要領についての議論の中で、戦後直後から始まった学力論とその論争について例外的に取り上げているのが小針誠です。彼は『アクティブ・ラーニング――学校教育の理想と現実』（2018）の第3章「戦後教育史の〈アクティブ・ラーニング〉」で、戦後すぐの新しい教育の出発として第1回、そして第2回の学習指導要領を支えた理論である問題解決学習と、このことに対する反発として起きた系統主義教育への揺り戻しのこと等などを、コンパクトながら的確にまとめています。そしてこの論争から、今日のアクティブ・ラーニングの課題を考えていくヒントが得られると述べています。

ここまでみてきて思うのは、戦後すぐに取り組まれた第1回、そして第2回の学習指導要領の作成には日本を代表する教育学者が直接関わっていたこと、そこでは優れた見識の下で学ぶことの本質を論じていたということです。あるいは学びとして何をめざすべきなのかという問題についても、立場を異にする人たちで真剣に議論をしていたのです。このような論争の中でしか、確かな学びをめぐる方向を見定めていくことはできないでしょう。今、学習指導要領の性質をめぐって学びや教育がどのようなものであるかについて考え、議論していくことが貧弱になっているような印象を受けます。もはや、かつて行われたような活発な論争の状況を夢見ることすら不可能なのでしょうか。

第3章／問題解決学習と系統主義の統合――広岡亮蔵の学力論

この章では、広岡亮蔵の学力論をみていきます。広岡は１９６０年代に活躍した教育学者ですが、今からもう60年も前の人を、なぜここで取り上げようとするのでしょうか。彼は戦後の日本の教育改革の流れの中で主流であった問題解決学習論の重要性を唱えながら、次第に問題解決学習に疑問を持ち、そこに系統主義的な学習を加えて独自の学習論と学力論を展開していった人です。

実は、広岡の問題解決学習と系統主義的学習とを統合していこうとした考えは、２０２０年の新しい学習指導要領の学力論と類似したものでした。彼は二つの学力論を統合しようとしながらも、結局は十分に問題解決学習の役割を位置づけることをしないで中途半端な系統主義学習の方に向かうという結末になったのです。ここからは、新しい学習指導要領が何をすべきなのかを教訓として学ぶことができます。広岡の学力論をみていく意味がここにあります。

表 3-1　問題解決学力と基礎学力（広岡 1957）

問題解決学力	基礎学力	
行為的態度	総括的能力 関係理解 総合技能	個別的能力 （要素的能力） 個別的知識 個別的技能
上層	中層	下層

1　広岡亮蔵の学力論——学力の三層構造

広岡は学力を、基礎的な知識と技能、それぞれの知識の間を関連づける関係的な理解と総合力、そして思考、関心・意欲・態度という三つの層構造としました。このことは前の第2章で簡単にふれておきました。その意味では、広岡の学力論は「21世紀型能力」の学力モデルの先駆けになっています。

広岡は、基礎学力の形成があってはじめて問題解決学習が可能になってくるという考えを一貫して持っており、学力を複数の構造として捉えました。知識・理解という基礎的なものの習得と、学習者自らが考え、問題を解決していく主体的な学びである問題解決学習という、二つの異なったものによって構成されていると考えたのです。そして、彼にとっては、この両者がどのように統合されるべきなのかが大きな課題でした。

彼は表3-1のように、学力を基礎学力と問題解決学力の二つに分け、基礎学力は下層である個々の知識や技能と、中層の総括的能力や関係的な理解力からなっており、問題解決学力を上層の行為的態度としています。

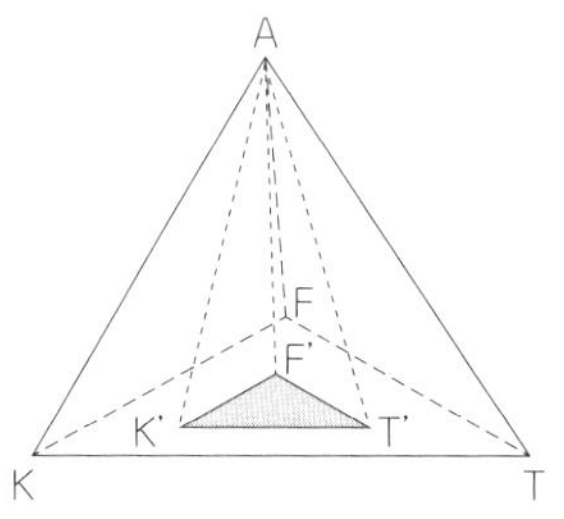

図 3-1　学力一般と基礎学力の構造（広岡 1957）

このことを、彼は図３-１の三角錐を組み合わせた図で表していますが、ここに学力を複数の構造によって考えるという発想がよく表れています。この図は彼の『教育学著作集Ⅰ・学力論』（1968）に収められています。外側の三角錐ＡＫＴＦは学力一般の構造で、内側にあるÁＫ́Ｔ́Ｆ́は基礎学力の構造です。ここでＫ（Ｋ́）は知識（knowledge）、Ｔ（Ｔ́）は技術（techniques）、Ｆ（Ｆ́）は感情（feeling）のそれぞれの能力を表しており、これらが統合されたものがＡの態度（attitudes）です。この態度能力はＫＴＦ三つの能力が具体的な場面での働きをなす心的傾向のことであり、いわば知識や技能的能力を応用していく部分にあたるものです。この三角錐を多重構造のかたちとして表したところに、基礎・基本の習得という基礎学力が問題解決学習を支えるものになっているという広岡の学力に対する考え方がよく示されています。

何を学力に求めるか、それは学習者の主体的な問題解決であり、その能力の育成であると考えるか、それとも、基礎的な知識や技能の習得こそが大切で、そのための教育的働きかけが重要だとするのか、そのことをめぐって戦後日本の教育の再生の中では絶えず議論されてきたことでした。この二つの立場は、今日に至るまでの学力論や学習指導要領の変遷に反映されてきました。このような動きの中で、学習活動や学力を多重構造のかたちで捉え、問題解決学習論と系統主義的学習論の論争に折り合いをつける、いわば両者を統合していこうという考えが生まれたのです。

2　広岡亮蔵の学力論 —— 問題解決学習と系統主義学習の統合の試み

これからみていく広岡の発言は、1961年の第3回の改訂学習指導要領以降から強まった系統的な知識の習得を重視する立場から問題解決学習を批判する動きを背景にしたものでした。

(1) 広岡亮蔵の問題解決学習からの離反

広岡亮蔵は、前の第2章でもふれたコア・カリキュラム連盟に一時は属し、その主導的理論であった問題解決学習論の立場でもありました。ところが次第にそこから離れ、内部批判をしながら系統主義教育に近づいていきます。そこには、問題解決学習だけに頼ってしまうことへの不信感がありました。それは広岡だけなく、反・問題解決学習の立場では共通の捉え方でした。

戦後すぐに始まった経験主義や問題解決学習、特に社会科の教科として実生活の経験とその問題の解決に向けた活動を「中心課程（コア・カリキュラム）」とする考えは、民主主義教育をめざした戦後の新しい教育改革の中心として位置づけられました。コア・カリキュラムはいわば、戦後の日本がめざすべき新しい教育内容でした。特に生徒が自ら実生活の中で経験したことや、その中での問題を解決していくことを重視した問題解決学習の考え方がそこにはありました。ですが、それに対しては、前の章でもみたように、児童・生徒の自発性を強調するあまりに基礎的・体系的な知識の学習を軽視しているという批判がなされました。これに対して問題解決学習の立場からの反論があり、さらに系統主義教育からの再批判というかたちで論争が繰り返されたのです。

広岡は、経験を重視するだけでは知識の系統的な習得ができないとして知識と経験を統一する方向をめざすようになりますが、それが彼の言う「実践的な系統学習」です。この「実践的な系統学習」というのは、学習者が目の前にある問題を考え、問題解決に向かおうとする時にも、実践的に問題解決をするためには基礎的な知識の獲得が不可欠になるというものです。広岡の学習論は、教師が学ぶことをいわば一方的に強制するような系統主義教育と同じではなく、そこには問題解決学習の考えも一部入っています。ですから「実践的な」という言葉を使うわけです。それでも広岡は、主体的に学び、思考し、実践的な問題解決をするためには基礎的な知識の習得が不可欠であって、それが前提になって主体的に学ぶこともはじめて可能になると言います。

広岡の問題解決学習に対する批判はいくつかの箇所で展開されていますが、彼のまとまった考えは『学習形態』（1955）と、その後、課題解決学習と発見学習を加えた『学習形態論』（教育学著作集Ⅱ）（1968）にあります。

広岡が問題解決学習を批判していた内容を『学習形態論』でもう少し詳しくみていくことにします。そこには、当時の社会科に対する位置づけが変わっていったことが具体的にふれられています。

広岡は、社会科を新しい学習の「核」としながら子どもたちが現実の生活で起きている問題を解決していくことを学習活動の中心にしたコア・カリキュラム連盟に加わっていましたが、このコア・カリキュラム連盟の中でも、生活単元に対する修正が出てくるようになります。それは、「コア連」が考える社会的課題はあまりにも多く、拡大してしまって、子どもたちの世界に対する知識や理解が不完全なものになってしまいかねないというものでした。そこで単元を区分して扱うべきだという考え方が強くなり、三つの単元を設定する方向へと向かっていきました。一つは、日常生活的な単元で、これは当初の問題解決学習と「コア連」の考え方を踏襲したもので、子どもの身近にある生活の解決をめざす単元です。二つ目は社会的単元で、日本が抱えている問題と矛盾を解決していくために必要な歴史社会的な認識を形成するための単元でした。ここでは、社会科を多数の教科内容を統合していく中心、つまりコアとする発想はなくなって、社会科としての教科に特化し、社会に関わる知識の系統的学習という発想を加えたものです。この背景には、問題解決学習では客観的な歴史認識や時代を読み解いていく総合的な把握ができなくなるという、当時の歴史教育研究会の強い批判がありました。そして、第三の単元は教材単元で、この言い方は分かりにくいのですが、要するに教科ごとに想定されている知識や技術の習得を重視するもので、系統的な指導によって基礎・基本の学習をしていこうとするものでした。

このように単元が三つに分化して、コア・カリキュラムの発想は弱まり、逆に教科の特性を重視する教科主義と、系統主義的教育の機運が強くなっていきます。

系統主義学習の立場からは、問題解決学習は主体的に知識を形成したとしても、客観的な知識を組織していくことが容易にできないと批判します。広岡も系統主義的な学習へと力点を移していきます。彼は、系統学習は問題解決学習の欠けているところを補うことになると言います（p.60）。

（2）広岡の思想の背景にあるもの――反プラグマティズム

広岡が問題解決学習では客観的な知識の形成を十分に達成できないと考えた背景には、彼のジョン・デューイの相対主義的哲学と教育論への反発があります。広岡はデューイの相対主義について批判的な立場を取っていました。もっとも、これは彼の読み誤りによるものです。問題解決学習の思想はアメリカ・プラグマティズムとその代表的な思想家であるデューイに多くを負っています。デューイは主知主義の伝統で主張されてきた認識の絶対的、固定的な確実性はなく、あくまでも行為的探究の結果として得られてくる相対的な確実性しかないという考えでした。これはデューイの『確実性の探究』（1929）で示されているものです。あるいは教育についても、デューイは『経験と教育』（1938）で、教育の中心は学習者の経験に根ざしたものでなければならないとしたのです。もちろん、この時もデューイは、単に子どもの主観的な側面だけを重んじているのではなく、主体と環境とは相互作用しあうものであって、人間は内的なもの（自己）と外的なもの（周囲の環境、対象、他者）が作用し、また作用されるという関わりを通した経験の積み重ねで成長をしていくと考えたのです。これがデューイの思想と教育論の根幹にあったことはご承知の通りです。

このようなデューイの考えに対して広岡は、実践の中で主体と客体を安易に一体化してしまっていること、そして主体の活動を重視するあまりに客観的な事実や外的存在がどこかで無くなってしまう、あるいは昇華されてしまっていると批判します（『学習形態論』p.92）。このようにデューイを批判しながら、広岡は、問題解決学習は実践の中に埋没してしまう理論であり、認識というものは本来、物事の客観的な事実・連関・法則を正しく捉えたものでなければならないと主張します（同上 p.118）。主体の認識活動とは別に厳然としてある知識体系の存在を無視して、認識の形成や学びを論じていくことはできないという考えです。ここから彼は、系統主義教育の重要性を強く説くようになります。それは結果として、一貫して問題解決学習の立場に立つ上田薫との間の論争を生むことになります。

3　問題解決学習をめぐる上田薫との論争

（1）広岡と上田との論争

ここで、問題解決学習の性格をめぐる広岡と上田の論争を取り上げますが、広岡は上田との論争を通して、自分の学力論をより一層明確にしていきました。広岡が問題解決学習では客観的な知識の形成が十分にできないというのに対して、上田は、そういう批判は問題解決学習を正しく理解しないことから生じているのだと反論します。実は二人の間で交わされた議論というのは、広岡が名古屋大学の教授、上田が助教授として同じ教育学部に籍を置いていた時期に行われたものです。ちなみに広岡は１９０８年生まれ、上田は１９２０年生まれですから、広岡は上田より12歳年上でした。論争をした時の上田は、まだ40歳前の教育哲学者として活躍していました。

二人は日本教育学会の機関誌『教育学研究』第26巻第２号（1959）において、広岡は「教育研究法のPhänomenologie」、上田は「新しい論理への考察」と題する論文で、それぞれ自説を展開します。上田の「新しい論理への考察」は、上田薫著作集４『絶対からの自由――教育の根本問題』（1994）にもあります。

実は、この論争は、上田が以前に『学習研究』（奈良女子大学付属小学校機関誌）に書いた三つの論文、「人間形成における経験主義」（1952）、「教育と知識体系」（1953）、そして「インドクトリネーションと知識の普遍性」（1955）と、それに対する広岡の批判に端を発しています（上田のこの三つの論文は、上田薫著作集１『知られざる教育――抽象への抵抗』（1992）に収められています）。

広岡と上田の間で交わされた議論の内容について、広岡自身は『学習過程論（教育学著作集Ⅲ）』（1968）の第８章「社会科の学力構造をどうとらえるか――上田薫氏との対話」と、『学習形態論』（教育学著作集Ⅱ 1968）の前編、「学習形態」の第２章「問題解決学習の省察」の中で述べています。

他方、上田の方は「動的相対主義の立場――主として広岡亮蔵氏『学習形態』の論にこたえる」

（日本生活教育連盟の機関誌『カリキュラム』1956）という論文で、自説の動的相対主義の考えを述べながら広岡の批判に対する反論を行っています。

二人はどのように議論し、また両者の主張の違いはどこにあったのでしょうか。はじめに広岡がまとめた先の『学習形態論』をみてみましょう。広岡はここでは、上田の言う知識の相対主義を問題にします。上田は知識の客観性ではなく、個人的な相対性を重視しているが、それでもなお2＋2＝4は誰にも当てはまるものだと言うのです。理解の深さやその内容は子どもによって違っているかもしれないが、大同、つまり客観的な知識体系の前には小異であって、子どもの理解の違いなどは微細なものだとするのです。

広岡はもう一つの別の知識の相対性のあり方についても、上田とは違う意見を出します。広岡は人間の知識や理解の仕方は歴史的に発展し、変化をしてきており、その影響力を考慮に入れなければならないとします。

これに対して上田は、知識の正確、不正確さではなく、各人の切実な問題解決に直面し続けることにおいてのみ動的変化が可能になるとしました。一方広岡の方は、正しい客観的知識こそが新しいものを生み出す能動性を与えるのであって、知識の正確さ、不正確さが知識の持つ大事な「カナメ」なのだと言います。広岡はこの「カナメ」がしっかりしていることで、「問題解決の具体性と普及性」ができてくる（『学習形態論』p.78）と主張するわけです。ここに、広岡の考え方を理解するうえでのポイントがあります。

(2) 広岡と上田の知識についての考え、その相違

もう少し、広岡と上田の間で交わされた議論を広岡の『学習過程論』の第8章「社会科の学力構造をどうとらえるか——上田薫氏との対話」でみてみます。両者の考え方の違いがいくつかある中でも、注目したいのは知識の一般性や抽象的知識についての考え方の違いです。

上田は、人間の理解の中心にあるのはあくまでも具体的な生活の中で体験し、その問題を解決していく中で得られるもので、具体的な場を媒介して得られるものこそが知識の本性なのだとします。抽象的な知識や知識の系統性を、そこに含まれる個別性を欠いたかたちで身につけたとしても、それは生きた知識にはならないというわけです。これに対して広岡は、知識の具体性とその役割を認めながらも、知識の一般性や系統性を足がかりにして、知識のより一般的な汎用性の高い理解へと向かわなければならないと反論します。広岡は、具体的な問題を考える時にも、一般的知識がそこに関わっていくことでより確かな理解へと向かうことができるとします。上田は、そうではなくて、あくまでも個別具体的なものの理解の延長として一般的な知識があるわけで、形式的で一般的な知識を先行させてはならないと反論します。

上田は知識の系統性を重視する時にも、大切なのは知識の間のつながりを実感として持つことであって、断片的にあるところに光をあてたとしてもそれは知識の抜け殻のようなもので、理解とは程遠いものでしかないと言います。抜け殻を大事にして与えても意味がないし、ペーパーテストで

点数をつけて済ますような評価も抜け殻に焦点を合わせたにすぎないと主張します。

二人が議論している知識の一般性と具体性の議論は古い昔の話のように思われるかもしれません。ですが、この議論は実は大事なものを含んでいて、知識の一般性をめぐっては近年、哲学者のドゥルーズが大事なことを指摘しているのです。広岡－上田の論争から少し離れて、ドゥルーズが指摘していることをみてみましょう。ドゥルーズは『差異と反復』(1968) の中で、学問や知識は一つの理論で個別の事象を全体としてまとめ上げて説明することで「一般性」を求めていくことが基本的な発想になっていると言います。ですが、一般性というのは一つの視点で他のものをまとめ上げ、形式的なものによって人に理解を強いてしまいかねないものです。ドゥルーズはそこでは、個々の特殊性は「類似している」ということで無視されてしまうことになっていると言うのです。そしてドゥルーズは、一般性ではなく普遍性をめざすべきだと主張します。一般性と普遍性は同じことのように思われますが、普遍性は個々の特異性とその存在を尊重することを基本的な姿勢にしています。ですから、共通性を強調し、それを一般性のかたちで表現して一つにまとめ上げてしまうこととは違うのです。

明らかに、上田の主張はこのドゥルーズの知識論と同じ視点を持っていたことが分かります。知識論の本質に関わる論議として上田が主張していることは、決して特殊なものでも、また過去のものでもないのです。

（３）社会科における歴史認識の形成についての議論

二人の議論の後半は、社会科の授業についてです。広岡は小学校の社会科は問題解決学習で良いのかもしれないが、中学校以降の社会科では、たとえば歴史認識などは系統的に歴史発展をたどる学習が必要で、系統的な知識こそが問題解決的態度を促していくと主張します。これに対して上田は、系統的な知識が問題解決的態度になっていくのではないと言います。学習者が自分の中で社会の具体的なことを問題化し、位置づけていくだけの問題解決の力がないところに系統的なものを持ってきてもだめになるし、中学校でも問題解決力を育てることこそが必要になるとします。

両者の議論で最も違うところは、結局は、広岡は理解のスプリングボードとして系統的知識を与えることの重要性を繰り返し言うのに対して、上田は、飛躍に役立つようなものがどこか外にあるとか、与えられるべきものだとするのは間違いであって、理解の飛躍を可能にするのはあくまでも主体の力であるとしているところです。

広岡は上田が主体の活動を重視するあまり歴史的な認識を系統的に獲得できなくなっていると批判していますが、ここには歴史認識として何を基本に据えるかという、根本に関わる立場の違いがあります。上田は、歴史の発展法則を固定的に見てはいけないのであって、歴史の事実というのは決められた方向で起きているのではなく、予想外の偶然の中で起きていることがその本質なのだと言います。広岡が依って立っている歴史認識の系統性などは、あくまでもこれまでの歴史的な経過を振り返ってみただけのことであって、それを唯一の歴史観としてはいけないというのが上田の考えです。

たしかに、歴史は「静」ではなく、「動」としてみるべきであって、そこに生きた人びとの具体的実践があるということでしょう。このような上田の歴史認識は決して特殊なものではありません。たとえば、歴史哲学としてよく知られ、もはや古典ともなっているレイモン・アロンの『歴史哲学入門』（1938）では、冒頭部分で次のように述べています。「歴史的事象は、本質上、秩序に還元できない。すなわち偶然が歴史の基礎である」（邦訳 pp.24-25）。

4　広岡の課題解決学習、そして発見学習へ

広岡は系統主義的学習に学習者の主体的な問題解決学習の活動を加えようとして「実践的な系統学習」という独自の学習論を展開しましたが、この考え方をさらに進めたのが「課題解決学習」と「発見学習」です。

広岡は、自分たちの目の前にある具体的な実践課題に取り組んでいく時にも客観的な知識を体系的に身につけておく必要があると考え、知識と実践の統一をめざそうとしたのが「実践的な系統学習」でした。彼はこの考えを具体的に実現可能にするものが「課題解決学習」だと言います。この「課題解決学習」を詳しく論じたのが『授業改造』（1964）で、ここでは、彼は次のように述べています。「教育の内容としての『教材構造』、そして教育の方法としての『発見学習』――この内容と

方法を結合することによって、変化と変革のなかを進みゆく、技術革新の将来社会にふさわしい教育となることができる。そして教材構造と再発見学習のこの結合を、私たちは『課題解決学習』と呼ぶことにしたい」（p.63）。このように「課題解決学習」は、一見すると「問題解決学習」と似たような言葉なのですが、あくまでも学習の中心となっているのは系統的な知識として与えられた「課題」を「解決」する活動ということです。

広岡はさらに、ブルーナーが合衆国における教育の現代化のために著した『教育の過程』（1960）における教材の構造化と、科学的知識の教授を重視することとペアで論じた「発見学習」の考えに注目していきます。ですから広岡は、『学習形態論』（1968）の最後の部分（後編の第4章「発見学習論」）では、自分の主張した「実践的な系統学習」や「課題解決学習」はまさにブルーナーの「発見学習」の考えそのものだとして、この「発見学習」という術語を使っていくと言います。広岡は「発見学習」の考え方を取ることによって「知識結果か知識過程か」のどちらなのかといった択一関係ではなくて、「知識結果も知識過程も」重視する「綜合関係」として論じることができるとしたのです。いわば、系統主義と問題解決学習の対立を超えることが可能になると考えたのです。「発見学習」では、本質的な知識構造を知識結果として一方的に与えるのではなくて、発見的に習得させる、つまりそこには、学習者の知識形成過程が考慮されているというわけです。

たしかに「発見学習」では、学習すべき知識や概念を教師が直接教えるのではなくて、学習者自らが発見し、獲得していくことを重視しています。しかしいずれにしても、学習すべき対象や知識はあらかじめ決められている、すなわち必要な知識の獲得の内容や理解の目標は教師が設定しており、結局は程度の差はあれ、知識を「受容する学習」です。学習者に「発見させる」要素が加味されていたとしても、最終的には「知識の伝達モデル」が想定されています。ここに、問題解決学習の発想との根本的な違いがあります。広岡は、優れた現場実践では結果としての知識を用意しているし、同時に知識過程も重視しているのであって、学校現場では当たり前の発想だとも言うのですが、これはあくまでも広岡なりの二つの「綜合」の仕方であって、問題解決学習の本質からは外れてしまっていると言わなければなりません。

5　広岡学力論からみえるアクティブ・ラーニングの問題

広岡亮蔵の学習論について、これまで彼が出した著書のいくつかをみながら確認をしてきました。彼の学習論は、一見すると学習者の主体的な学びの活動を大切にした問題解決学習の発想であるかのような印象を持つ時があります。彼の学力論には基礎的・体系的な知識の獲得だけでなく、学習者の思考・態度、意欲といったものが加えられているからです。ですが、これまでみてきたように、彼がいつも重視するのは系統的な知識の形成であり、それを可能にするのが基本的な知識構造の教授でした。

広岡は系統主義学習論と問題解決学習論、あるいは知識結果と知識過程の二つの対立を克服し、統合を可能にしたかのようにもみえるのですが、実際は学習の問題に含まれる「あれもこれも」全部含めてしまっているのです。系統主義と問題解決は「発見学習」という視点を入れただけでは、結局、統合などできないということです。

この章では、広岡の学習論をみながら同時に、広岡との間で鋭い論争を行った上田薫の問題解決学習についても取り上げました。ここからみえてくるのは、2020年からの新しい学習指導要領の中心にあるアクティブ・ラーニングの考えは、一見すると学習者の主体的な活動を中心にしたもので、問題解決学習の発想があるかのような印象を受けますが、実際の学習指導要領は基礎・基本の習得に力点を置いたものであって、まさに学習者が与えられた知識と理解の内容を習得していくことをめざすものだということです。ここには、広岡の「実践的な系統学習」や彼の言う「発見学習」と同じ発想があります。「何でも入れ込む」式の「総合」なのです。学校の実践というのは、系統主義でも問題解決学習のどちらでもない、両方なのだと広岡が言った時と同じように、「あれもこれも」やらなければならない事態に陥ってしまっているのではないでしょうか。

もう一度、問題解決学習とは何であるのか、あるいはアクティブ・ラーニングとは何をめざした学習なのかを確認していかなければならないでしょう。

第４章　問題解決学習はどのようなものであるべきか
――上田薫教育論とその思想

２０２０年からの新しい学習指導要領の根幹にあるアクティブ・ラーニングは、まさに主体的な学びをめざしているものです。それは学習者自らが問題を解決していくことを通して学んでいくという意味では、これまで問題解決学習と言われてきたものでもあります。新しい学習指導要領が問題解決学習であるとしたならば、それはどのようなものであるべきでしょうか。

ここでは、学習者の学びは基本的には問題解決学習でなければならないと述べ、それを具体的な学校教育の実践の場で追究してきた上田薫の学習論をみていきます。彼の研究から、新しい学習指導要領で言われているアクティブ・ラーニングがめざそうとしている主体的な学びや深い学びをどのように授業実践で展開していくべきなのか、その内容と方向を確認することができます。

1　上田薫の学習論の出発にあったもの――社会科の問題解決学習

（1）上田薫の学問的経歴――哲学から教育学へ

上田薫は祖父・西田幾多郎とのつながりもあってか、旧制高校時代は西田の弟子の務台理作と下村寅太郎から教えを受け、大学も京都大学で哲学を学んでいます。彼は決して教育の問題にはじめから関わりを持っていたわけではありません。しかし、彼が教育の問題に深く関わるようになったきっかけには、終戦後、文部省の戦後初の学習指導要領の作成の仕事があります。特に彼が小学校の社会科の学習指導要領を作成したことから、教育の実践、特に児童・生徒の学習の中心にあるのは問題解決学習であるべきだという、彼の終始一貫した姿勢が培われることになります。

戦後の日本の教育改革として、社会科は児童・生徒が自ら考え行動することをめざす、いわゆる新教育を実現していくための中心的な教科と位置づけられました。社会科を学習者が現実の社会に直面し、その解決を迫られる現実味を帯びた問題を扱う教科であるとした時、この教科はまさにそこで生きて活動している人間である学習者が考え、問題を解いていくことをめざしたものでした。社会科は問題解決学習を中心に据えられるべき教科だったのです。社会科は単に教科の知識や理解を形成していくこと以上に、人が自己の生をどう営み、生きていくべきかという、人間にとって本質的な問題が扱われるということです。

上田の『社会科とその出発――小学校社会科の研究』（1947）は、戦後、新しく始まる学習指導要領の中でも中心的な教科として位置づけられていた社会科をどのように進めていくべきかを、教師向けに書いたものです。そこでは、社会科という教科の枠を超えて、学びの本質とはどういうものであるべきなのか、そしてその指導に関わる教師のあり方についても述べています。この著書は、その後『上田薫社会科教育著作集1』（1978）の『問題解決学習の本質』と、『上田薫著作集13』の『人間のための教育・社会科とその出発』（1994）に再掲されています。以下の引用ページ数は、『著作集13』に依っています。この本の中に書かれているものをみていきます。

彼は「社会科の性格」で、民主主義を日本に定着させるためには、まず、人格としての独立性を育てることが教育として社会科がめざす目標だと言います。独立とは孤立ではなく、共同とは単なる集合でもない。他人と違った意見を持ち、それを認める中に授業や教育はあるべきだとします。「学習指導要領」のところでは、学習指導要領について基本的な考え方を述べています。特にここで注目をしたいのは、上田が学習指導要領では学習の対象としての「問題」の位置づけ方こそが重要だと指摘している部分です。児童がその生活を展開してゆくにあたって根本的に直面する問題でなければならないこと、そして、そこで出された問題は本質的なものを衝いたものとしてみるべきだということです。さらに、問題となるものは無数にあるだろうが、最も根本的な数個の問題に集約されるべきであり、それこそをまさに問題にすべきだというのです。

(2) 社会科と問題解決学習

上田は『社会科の理論と方法』(1952) で、生徒が目の前にある日常の現実の問題を考え、それを解決していく問題解決学習は決して個人的な体験にとどまることなく、問題解決の活動から物事の本質にある普遍的な知識に辿りついていくことを可能にすると指摘しています。このように上田が言うのは、問題解決学習では体系的な知識を得ることができないとして疑問を抱いている人たちに対する反論からです。彼の発言をもう少し聞いてみましょう。この著書は『上田薫社会科教育著作集2・人間形成論序説』(1978) と、『上田薫著作集9』(1993) に収められています。引用ページは『著作集9』のものです。

わたくしは教育すなわち人間形成ということを、人間に主体的な立場を確立させ、それを科学性をもった客観的なものに発展させることであると考えています。したがってそこには、何をおいても主体的な立場が必要です。すなわち自主性の確立がなくてはなりません。もしそれが弱いならば、いかに現実を重視しようと、またいかに数学や公式を重んじてみようと、真の客観性や科学性を獲得することもまた不可能に属します。(「人間形成の一原理 ── 場所の育成ということ」p.30-31)

ここには、彼が教育の営みは主体的な人間を形成していくことであるという基本的な使命と、人間の理解や知識はいつも矛盾とずれを解消していきながら認識の本質である共通・普遍に辿りついていくという認識論が示されています。上田は、あくまでも個人が自主的、主体的に物事の本質を捉え、理解していくことを重視しながらも、同時に個人が現実の生活で直面する問題を解決することを通して個人を超えた場の理解へとたどり着いていけるとします。このことを彼は、「個性的な場所」を基にしながら、それが深まり、豊かになることによって、場所の外にあって場所の統一に迫ってくるもの、すなわち未知なるもの、未解決のものに対決する力が強められることになる（同上 p.31）と言います。ですから、問題解決は、「まさにこの場所とそれを統一する原理、法則が、自己のすべてをひっさげて他と対決することにほかならない」（同ページ）ことになるわけです。上田にとっては、問題解決学習を通してこそ、究極に物事の本質、法則を捉えることが可能になるのです。

このように、彼は外部から客観的な知識の体系を与えられ、それを受容することだけで真実を認識することはできないと考えました。あくまでも具体的なもの、個別的な事象を通して、その背後にあるもの、普遍的なものに辿りつくことができるということです。ここで彼が述べていることは、後の「動的相対主義」という彼の認識論へと発展します。

2　上田薫の学習論・知識論の基本にあるもの

上田の教育論を考える時に必ず取り上げなければならないのは、彼の「動的相対主義」です。

「動的相対主義」は、前の章で取り上げた広岡との論争を踏まえて、自己の考えを明確にするために提唱したものでした。二人の議論を掲載したのは１９５６年の『カリキュラム』誌でしたが、ここで上田は「動的相対主義の立場――主として広岡亮蔵氏『学習形態』の論にこたえる」で、「自分の持つ経験主義の立場を動的相対主義とよぼうと思う」として、「動的相対主義」という言葉を使っています。

(1)「動的相対主義」とは

上田の「動的相対主義」は認識論であり、一つの論理体系を論じたものです。それは同時に学習論、教育の本質論であり、この言葉が意味している内容は広範です。上田は「動的相対主義」について、『現代学校教育大事典』(1993) の中で「動的相対主義」にある「相対主義」の意味を、それは知識の相対性に関わることであり、次の二点にあるとしています。一つは、知識の獲得は外から与えられるのではなくて、個人の主体的な活動で行われているということ、そしてもう一つは、科学的真を固定的、普遍的にしてしまうのではなく、科学的な知識は常に発展し、変化をしていくというものです。相対性と言うと、科学的真を否定してしまうような発想を持つかもしれませんが、上田の言う相対性はそういうものではないということです。

彼が強調するのは、科学的真に向かってそれまでの常識にとらわれないで、それを疑い、既存の知識を自己否定的に考え続けていくこと、そうする中で絶対的なものの獲得をめざしていこうとすることです。そこに「動的」と表現した意味が込められています。ですから、「動的相対主義」は弁証法の考えでもあります。このような考えを彼は『人間形成の論理』(1964)の「動的相対主義とはなにか」で次のように述べています。

動的相対主義はたんなる相対主義ではない。それは絶対に到達しえないことを明確に自覚しながら、しかもなおどこまでも絶対を志向しようとする生きかたである。したがってその意味でこの立場は人びとの予想に反して、じつはどこまでも普遍に執着しぬく性格をもっている。これでもか、これでもか、と普遍を追究してやまない性格をもっている。ふつうならば普遍性が確立されたと安息する事態において、なおその不完全さを責めてやまないのである。(著作集2『人間形成の論理』p.103)

「動的相対主義」を、学びの活動として考えてみましょう。「動的相対主義」の基本にあるのは、自分が正しいと思ったことをもう一度現実に当てはめてみた時、「違うな」と感じ、それを捨て、否定してまた新しく説明できるものを探していこうとすることです。「分かった」、「できた」の段階にとどまっている状態では、そこに新しいものが生まれてこないのです。今の状態を否定する、見直していくことで、新しいことが始まります。「AハAナラズ」の状態です。Aという説明原理を求める一方で、Aを非Aとして否定することによって「AハAナラザラントスルユエニAナリ」

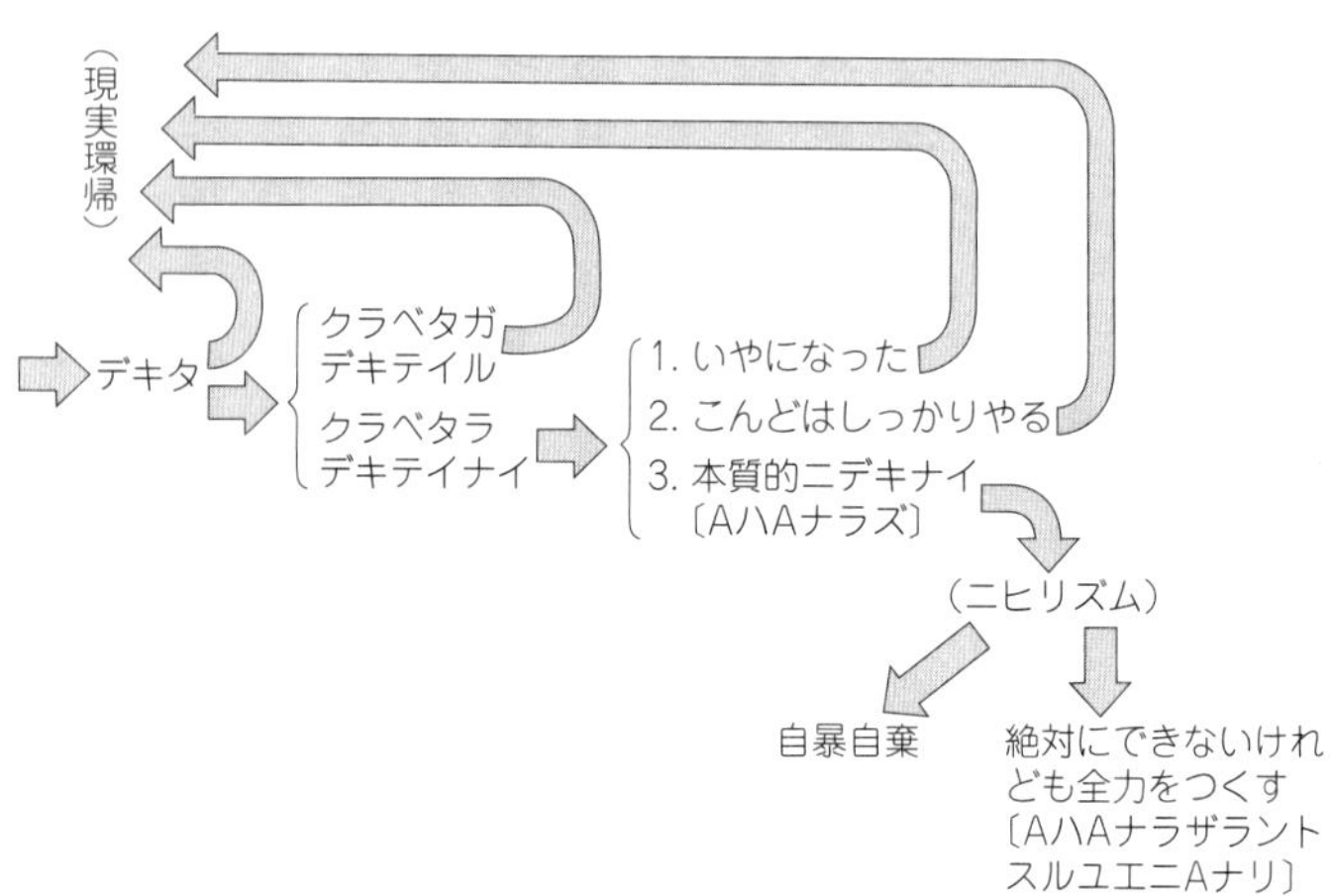

図 4-1　動的相対主義の論理
（上田 1992, 著作集 2 『人間形成の論理』 p.133）

に辿りつこうとし、この連続の過程の中で真理がめざされる――これが上田の「動的相対主義」の論理です。このことをまとめたのが、図４-１になります。

子どもが安易に「分かる」のではなく「分からない」ことにこだわることが大切なのです。私たちは「分からないこと」が「分かってくる」ようになることを重視しがちです。ですが、この「分かったこと」で決着がついたと落ち着き、それ以上、疑問を持つことも、疑うこともないままになりがちですが、これでは次の新しい段階の理解には行かないと上田は言います。あくまでもそれは一つの結論、上田がよく言う「仮構」の一つにすぎないからです。「分からないこと」から「分からないこと」ということへの連続こそが、真理を求めていく本当の道であり、それは子どもといえども同じことです。「分かる」ということの本質を考えた時、それはまさに過程として動き続けるものだとしか言いようがないものでしょう。

この経験を大切にすることが、上田の言う問題解決学習論から学ぶことです。ここを確認しておかないと、単なる「這いまわる経験主義」という間違ったレッテルを問題解決学習に貼ってしまうことになります。かつてもそういう間違いがありました。上田の唱える問題解決学習は、本来のアクティブ・ラーニングの思想であるべきでしょう。

(2)「具体性の論理」と「数個の論理」

上田は、自分たちの周りにある具体的な問題を考え、解決していくことこそが問題解決の学習だとします。彼は、私たちの知識の実質的な内容というのは、実は具体的なものであり、具体的なものというのは個々の出来事とその連続だと言います。私たちは「ことがら」と「ことがら」とが関係し、働いている生きた現実を対象にしているということなのです。

上田は知識を現実の生きた世界から孤立させ、抽象化させてはいけないのであって、あくまでも知識は具体の過程の中にしかないと考えます。このように知識を考えるのが彼の「具体性の論理」です。それはプロセスの論理でもあります。「知識は、ことがらとことがらとをつなぐ働きをもつものとして、いわば粘着力をもち、したがってつねに動的な網の目を形成するものでなくてはならない」(「知識についての覚えがき」『知られざる教育』1958, pp.104-105)。

このように、出来事や「ことがら」も安定したかたちで存在するのではなく、絶えず動いており、人間が真理に到達することをめざそうとする時にも、真理的絶対に到達することはないのです。私たちの認識そのものも、自己の中では自分が正しいと思っていたことも、疑いを持つという意味では矛盾の過程としてあるということでしょう。そして、上田はこのようなずれの過程の中でこそ、自己を発展させていくと考えたのです。

「具体性の論理」は「数個の論理」でもあります。彼の言う「数個の論理」（1963）とは、現実の世界は複数の出来事やことがらが関係し合っているということです。彼はこう言います。「世の中で生きて働いているものは、数個のからみあいで成立しているのであって、そうなると真理も一つだけで説明ができなくなる。抽象的な論理は唯一つの真理を基準にしてしまうが、具体性の論理は数個の可能性としてあるものを基準にしている」（「数個の論理」著作集11『林間抄』pp.50-51）。そして、教育では時にはただ一つの見方である「一」の論理にしばられてしまうことがあると上田は警告します。

教師が子どもの様子を捉える時にも、見方を固定させてはいけないことになります。子ども自身の活動、考えはいつも動き、変化をしていく過程としてあるからです。そこで、教師が子どもたちの学習の動的過程を捉え、授業実践へとつなげていくものとしてカルテがあります。カルテは子どもを多様な視点と変化のある過程としてみていくことを可能にするものです。上田はカルテに記録されたものから子どもについての新しい発見、意外性に気づくことがカルテの持っている意味だとします。ここに彼の「具体性の論理」と「数個の論理」の意味が具体化されています。カルテについては後のところでふれます。

(3) 経験主義

上田は、学習者が学びの対象や出来事を知り、そこで起きていることを問題として解決するという実践的な活動を学びの中心に据えました。このように学習者の主体的な活動と経験を重視していることから、彼の思想は経験主義とも言われています。彼の経験主義の考えは、「人間形成における経験主義」(1952) で確認することができます（著作集1『知られざる教育』)。上田の言う経験主義は、心理学で広く知られているような、与えられた情報や出来事を受容するかたちで学習や発達を論じるという経験主義の発想ではなく、知識を問題や事象を解決するために自ら使っていく活動のことです。彼は、この経験主義と対比するものとして抽象的な知識体系をあげ、それを批判します。抽象的なかたちで出された知識体系はあくまでも一つの説明にすぎないもので、彼の言う「一の仮構」です。ですから一つの考えを固定化してしまうと、現実の世界で絶えず動き、変化していることに対応できなくなってしまうのです。真の知識というのは、現実の問題解決を成立させる知識の働きということになります。知識の獲得にとって本質的な役割を果たすことができるのは知識を現実の問題に当てはめ、考えていくという経験であり、それこそが問題解決としての経験学習ということです。

上田が経験主義を教育実践の問題として論じたものがあります。彼が編集した『教育哲学の新生』（1964）に収めた「ずれの構造とその意義」です。ここで彼は、学ぶ者、そしてそれに関わる教師の活動は、いつも予断を許さないことを経験していく「ずれの構造」であると述べています。教育の場面における主体者である学習者、そして教師は「分からないこと」、それまでの考え方では説明できないものに出会い、「ずれ」を体験することによって新しいことを知っていく「動的な過程」の中にあるということなのです。これまでとは違うことを考え、経験していくことこそが学びということです。上田が考える経験主義の本質にあるものです。

彼は「ずれ」がなぜ重要なのかを、授業の現実で起きていることを例にしながら説明しています。教師は「何でも言える学級」を作ろうとします。これに異論を差しはさむ人は誰もいないでしょう。授業では、互いに意見を出し合い、考え、確かめ合うことで互いに考え方のずれが狭められて、意見としてまとまっていきます。上田は、それだけで良いのかと言うのです。話し合いで大事なのは、ずれをなくすことではなくて、むしろずれを生むような発言をためらうことなく出すことだと言います。教室の意見を一つにまとめていくことが大切なのではなく、むしろ話し合いから新しいことが発展していくことを大事にすべきだという指摘なのです。まさに上田は対話的、協同的な学びとは何をめざしていくべきなのか、その本質にあるものをメッセージとして出してくれています。

（4）ずれと思考の揺れ

上田は複数の著書で、学びの過程ではいつもずれが生まれてくること、それを大切にすべきだと繰り返し述べています。そしてこのことは、何も教室のことだけではないのです。彼は、人はいつもずれ、ギャップを克服しようと生きていると言います。人の行為はずれを克服していく努力にほかならないということです。彼の言葉です。「かくて実践とは、まさしく『ずれからずれへ』ということにほかならない。ひとは行為によってずれを動かすのである。そしてずれが人に行為を迫る」（『教育哲学の新生』p.94／著作集3『ずれによる創造』p.116）。

上田は、子どもの考える過程のずれを、「思考のゆれ」（1973）の中でも次のように述べています。

一つの知識が子どもたちのなかで位置づけられ安定するためには、思考のゆれが必要である。ああでもあろうかこうでもあろうかというきわめて個性的な迷いを通して理解は進んでいく。教師の眼はいつもそのことに注がれていなければならない。したがって子どもの提出した答えは、実はかれの思考のゆれの一部を示すものであり、…　そのことを無視し見落して表面の答えだけを追えば、子どもの実態を評価することは当然不可能となるのである。〝わかった〟〝わからせた〟ということで知的形成を単純に処理していくことは、子どもたちを考えさせないようにする。なるほど〝わかる〟ということにともなう心理的な安定感はたいせつである。しかしそれが意味をもつのは、その安定感を子どもたち自身が積極的に破ろうとするときだけである。「もうわかってしまった」として安心しきるところには、知的な進歩はない。いや真の理解もない。…　教師は子どもがいつもわからない状態にあるという真実を直視し、それをもとにすべてを考えるべきである。（著作集3『ず

れによる創造』pp.235-236）

このように、上田が授業の中で起きている、子ども、そして教師の思考のずれと揺れこそが創造的な思考へと向かう大切なことだと何度も強調してきたことをみてきました。これが問題解決としての学習の本質であり、これこそが新しい学習指導要領が言う、主体的に学ぶことや深い学びの内実をなしているものです。

3　関係追究の論理

これまでみてきた上田の「動的相対主義」、「数個の論理」、「ずれの構造」、そして「経験主義」の主張に共通しているのは「関係追究」による学びの活動です。ここで彼が「関係の追究」と称しているのは、現実の社会の中で起きている複数の出来事や事象の関係や働きを追究していくことから、社会の本質を学ぶことをめざすという意味です。上田の発想は社会科の学習が出発にあって、出来事の関係を自らが知り、学んでいくことに社会科とその学習の本質があると考えました。もちろん、それは社会科という特定の教科に限定されるものではなく、学習の本質にあることを指摘しています。

上田は「社会科における学習の原理」（1955）で、社会科の学習は社会のさまざまな事象と事象との間でどのようなことが起きているのか、その関係を追究することだと言います（著作集９『系統主義とのたたかい』）。そこで大切なのは、これらの対象のＡとＢを「こういう関係になっている」と教えられるのではだめで、学習者自身が現実のＡやＢが「なぜ、このような関係になっているのか」を問い、考えていくということです。関係についての抽象的な知識を与えられるだけでは、現実の出来事やその世界のこととは無縁になってしまうのです。そうではなくて、具体的なものとして主体の前で起きていることと関わる中で、社会の問題、その働きの意味を具体的に知ることが可能になるとしました。まさに、経験に根ざした問題解決です。

ともすると、私たちは、関係を事物と事物、あるいはことがらとことがらとの間のこと、それらを関係だけのこととしてみてしまいがちです。ですが、実際の現実場面では、これらの関係として展開されている出来事の世界と私たちとは無縁ではないということです。どのような関係であっても、そこに主体が関わり、働きかけ、そして逆にこれらから影響を受ける、つまり働きかけられてくることがないかぎり、これらの出来事や関係は無意味なものとして存在するしかないのです。つまり、具体的なものとして主体の前で起きていること、それらと関わる中でしか、具体的な意味と働きは持ち得ないのです。

そして、上田は社会科を論じたもう一つの論文「社会科の本質」（1958）で、次のように指摘しています。出来事を関係の連続とすること、そしてこの関係の構造を把握していくということは、プロセスとしてみていくということです。そこには関係の連続的な追究として学びがあり、それは決して決められた通りに起きるものではなく、何が何と関係しているのかを決断し、常に見直し、考えていく過程ということでもあるわけです。「プロセスが選択決断の連続であるということは、それがたえず、あれかこれかの岐路を歩みつづけることを意味している」（「社会科の本質」著作集1『知られざる教育』p.45）ということです。

もちろん、現実の中で起きている具体的な事象を理解していくことは、社会科に限らず多くの教科に共通することですし、具体的な事象間の関係を理解し、把握していくことは、人間の知識形成の基本だと言えるでしょう。教育の中で求められる知識とその形成について、上田は、「教育と知識体系」（1953）で次のように指摘しています。

質の高い知識すなわち動的な知識は、粘着力のある無数の触手をもつ知識である。知識は孤立しては知識ではありえない。知識はつねに他と結んでいる。他と切断されたものはもはや知識ではない。いな有機的に結合された糸のもつれのある部分をとらえて、わたしたちはある知識が成立すると考えるにすぎない。知識を働きとしてみるかぎり、それはばらばらなものとしてとらえることは不可能であり、個々の知識と目されるものは、便宜的にそれぞれのわくをあたえられた仮構のものと断ぜざるをえないのである。仮構には普遍はない。真の普遍は動的に結びついた具体的なモノのなかにこそある。（著作集1『知られざる教育』pp.257-258）

4　R. R. 方式の研究から学校現場の関わりへ ── カルテ、座席表授業案

上田は生徒たちが社会の中の出来事とその間の関係をどのように理解し、思考を形成していたのかを調査資料で解き明かそうとしました。関係追究の仕方がどのような思考展開の下で行われているかを客観的に明らかにしていこうというものでした。この研究は重松鷹泰らとの共同研究として13年間にわたって行われ、『R. R. 方式 ── 子どもの思考体制の研究』（1965）としてまとめられています。R. R. 方式は「相対主義的関係追究方式（Relativistic Relation Research Method）」の頭文字を取ったものです。上田たちが用いた方法は次のようなものです。はじめに児童・生徒たちに、自分たちの生活経験を作文に書いてもらいます。これらの作文を調査協力者である他の生徒たちに読んでもらい、あらかじめ用意した設問の選択肢から、この作文から感じた感想や意見など自分の考え方に当てはまるものを選んでもらって、それらの連関を分析していくというものです。ここから子どもが社会的問題に対して、どのような考え方を取っているのかを明らかにすることができることになります。

このようにして、上田たちはR. R. 方式による多数の資料とその詳細な分析から、生徒たちが現実の状況の中で物事の間をどのように連関づけ、判断していこうとしているか、その「具体的統一」の活動の様相を思考体制として捉えていこうとしたわけです。それは、上田が主張していた、

学習の中心にある、現実の中で起きているさまざまな関係の「動的調和」として経験や知識をまとめていく姿を具体的に解き明かす試みでもありました。

ですが、この研究では客観的な分析に終始したために、具体的な授業の中で個々の学習者がどのような思考展開をしているのかということを直接扱うことはできず、あくまでも間接的に考察されただけでした。そこで、上田は実際の教室で、児童・生徒の授業における学習展開を具体的に把握していくことを始めます。

上田は、R.R.方式の研究以降、静岡の安東小学校や千代田東小学校等で共同研究を開始していきます。そこでは、授業の中で個々の児童の思考過程、そして授業者との関わりを多面的に捉えていく実践的な研究を行っています。上田は人間の理解と思考活動の基本として考えた動的相対主義や問題解決学習の可能性を、現場教師と共に探っていきました。これらの研究の成果の一部は、「シリーズ・個を育てる」全10巻として授業実践とその記録がまとめられていますし、上田と安東小学校の共著として『個に迫る授業』、『個の育つ学校』、『どの子も生きよ』、『ひとりひとりを生かす授業』等があります。武藤文夫の『授業のめざすもの』(1982)、『問題解決学習の活力』(1992)でも、共同研究についての紹介があります。そこで授業実践として用いられたのがカルテであり、座席表授業案でした。

上田は、カルテについては複数の箇所で述べていますが、ここでその思想を中心にみていきます。カルテは医療の世界で中心に使われているもので、患者個人の情報と医療経過、医療行為を記録するものです。上田の言うカルテは、現場教師が生徒の学習活動の様子を記入するものです。医者が使うカルテは患者個人の記録です。教師が使うカルテも児童・生徒の個人の学習の様子がメモとして書かれている点では個人の記録になりますが、それはあくまでも、教室という十数人の子どもが同時に関わる中で起きている個人のことです。ですから、複数の子どもの学習や思考展開と合わせて個人が記録されます。教師が作成するカルテは、医者のカルテ以上に作成の工夫が求められることになります。

上田は、カルテは単なる児童・生徒の学習のメモではないと言います。それは教師が子どもたちの学びの動的変化、具体的な学習対象に対してどのような考えを取り、まとめているか、そして、どう変化をしていくか、その「具体的統一」を捉えるものだからです。

カルテは教師の児童・生徒の学習の中で展開されている動的把握のための手段です。ですから、上田は複数のところで繰り返し、教師がこれまで持ってきたものと違う面を子どもに見つけた時に、そのことを書くことがカルテの意味なのだと言います。子どもを追って詳細なメモを取り、記録を大量に集めることを機械的にやっても何の意味もないということなのです。ただ機械的に記録しても、それは授業には活かせないのです。その種の仕事は私たち研究者がやればよいことかもしれません。カルテは子どもの中で起きていることを動的に統一していくことであり、それはまた、固定して子どもを見ることではありません。

上田は、教師が子どもに対して持っていたものと違うものを発見した驚きをカルテに書き込んでいくことを強調しています。それは教師自身が子どもに対して持っていた理解、解釈の仕方を変える、反省を迫るものです。このように言うと、そんなことは毎回起きるものではないと言うでしょう。そうなのです。ですから、一人の子どもの変化を月に何度もカルテに書くようなことではないし、それをまるでノルマのようにしてはいけないと警告をします。

上田は「カルテ」（1978）で、次のように述べています。

カルテは、それを取られる人だけでなく、取る人をも変える。…教師は子どものカルテを追究しつつ、知らぬ間に自分自身を変えてしまうのである。それが生きた人間と人間がかかわり合うときの秘密だ。カルテが子どもたちをいきいきさせる力をもつのは、なによりも教師自身が柔軟になり、自己変革に抵抗をおぼえなくなるからである。けれどもそのためには、カルテは絶対に饒舌であってはならぬ。時間と労力を要して困るというようなカルテは、本来のものではない。無理をせず、ごく自然に、しだいに味よくなる把握をするのが、カルテの極意である。（著作集14『教育は立ちなおれるか・層雲』p.243）

教師が実際に現場で無理なく使えるようなものでなければ意味がないという指摘です。カルテの具体的な使い方について書いている文章があります（「カルテとはなにか、なぜ必要か」1974）。要点をまとめると以下のようなことです。a　教師が自分の予測と違って「おやっ」と思った時、それを簡潔にしるす。少なくてよい。b　授業時間中にちょっと書き留めておく。c　子どもごとのデータを2か月に一度くらい、つなぎ合わせて統一のための解釈をする。d　つなぎ合わせできない方が良い。違った眼で捉えられたもの、矛盾し合うものが大事。e　カルテに決まった形式はなく、個人が使いやすいものにすればよい。

そして上田は、次のような活用上の注意を述べています。カルテを作り、活かすことに無理をしないことである。無理をすれば眼が鈍くなり、解釈にもくもりができる。自然な姿勢を持つべきである。そして、解釈ができない時も無理をしないことである。そのままあたためておけば統一も生まれてくる（「カルテとはなにか、なぜ必要か」著作集3『ずれによる創造』p.331）。カルテは、子どもを捉えるための単なる技術的なものではないということでしょう。

上田が授業実践のために提唱しているもう一つのものが、座席表と座席表授業案です。座席表は、子ども一人ひとりの授業における考え方などが学級の座席のかたちで書かれたもので、内容としては、その子の能力、特性、注意したい点、その時間におけるその子への期待を書いたものです。授業では、「このあたりであの児童に発言させたい」とか、「この子を見てクラス全体の理解度を探りたい」と考えていることのメモでもあります。座席表は当然、カルテを土台にしていますが、学級全体の授業の動きを想定しながら個人を位置づけたものです。もちろん、全員の児童のことを書く必要もなく、児童・生徒によっては余白があっても一向に構わないのです。

そして、これは同時に授業案にもなってきます。それが座席表授業案です。案ですから、授業中、授業後、この案は修正され、次の授業へとフィードバックされていきます。上田は座席表について次のように述べています。

座席表は使いようによっては、そのまま授業案の役割をはたしうるということも言っておきたい。授業案というものもまた本来形式は自由で、教師の個性や能力に即すべきことはいうまでもないが、それはもともと授業中に修正されてこそ意味あるものであるから、教卓上の座席表は自由に必要事項を記入しつつ授業展開を進めていくのは、すこぶる効果的だということができよう。そういえば、座席表の余白もなかなか活用しがいがあるものである。型のごとき授業案にむりやり固執して、子どもの実態と遠く遊離してしまうなど、いわば愚の骨頂というべきである。（「子どもを知ること生かすこと――カルテの哲学」（1981）著作集４『絶対からの自由――教育の根本問題』p.209）

授業者がもう一つ作っておくべきものとして、数時間分、あるいは単元全体をまとめた授業案が「全体のけしき」です。「全体のけしき」はカルテ、座席表とリンクさせたものですから、いわば立体的な計画図といったものです。

座席表による授業案の一例をみてみましょう。カルテは個人の特徴についてのメモなので、授業公表の場合は座席表の中にまとめられることになります。具体的にみていくのは、安東小学校の築地久子の授業実践の中で使われた座席表と「全体のけしき」です。『生きるちからをつける授業』

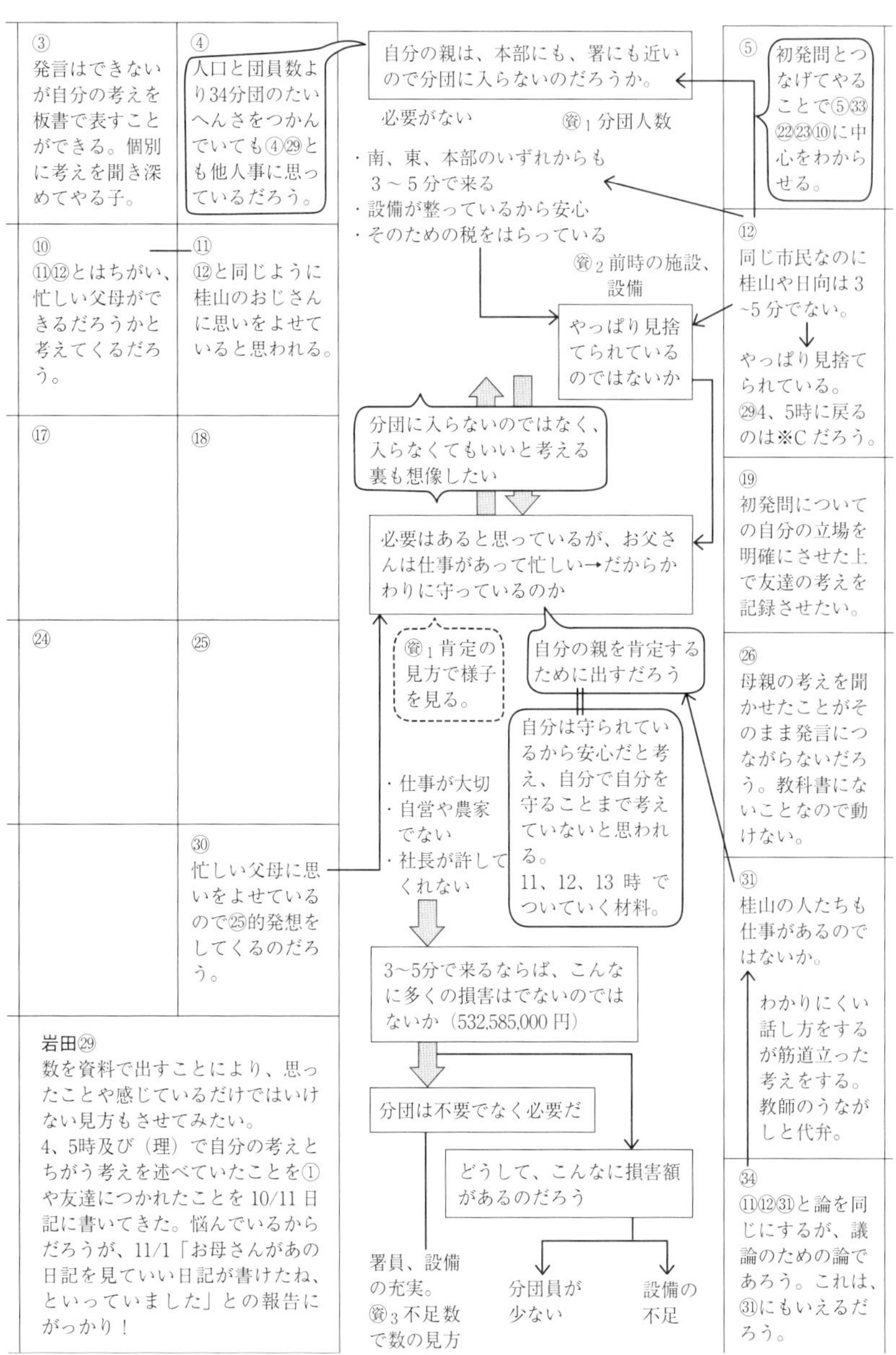

図 4-2　座席表授業案（部分）（築地久子「火事を防ぐ消防署の仕事の限界」）

（1991）にある4年生の社会科「火事を防ぐ消防署の仕事の限界」の授業です。13時間扱いの授業で、この9時間目の授業が研究会では公開されています。これが図4-2の座席表授業案です（一部を省略しています）。

実際の公開授業では、参加者にB4版の手書きの座席表、座席表授業案、そして「全体のけしき」（単元計画）が配布されていました。この授業では、消防署の仕事の内容、消防の設備や配置が使える地域の偏りや地理的条件を克服して計画的に配置されていること、さらには消防の分団に入っている人の人数の地域的偏りといった不公平の問題についても議論されています。

上田が指摘しているように、座席表も、そして「全体のけしき」も形式は自由であって、こうでなければならないとしてしまうと、これらの働きは薄れてしまいます。ここに示したものはあくまでも安東小の一人の授業者のものであるということです。その内容は大変詳細ですが、公開研究会のための資料として作られているという理由もあるでしょう。多分、こんな大変な労力が要ることなどとてもできないという印象を持たれるでしょうが、何もこれと同じことなどする必要がないのです。あくまでも、毎日の授業の中で子どもたちが戸惑い、自分の考えを見直し、また思考を展開していく様子を素直にみていく、そしてそれを授業に活かしていく、ということなのです。日常の授業で使われる場合には、もっと簡単な、授業者が無理なく使うかたちになっていることが大切でしょう。そして、このことを振り返ることができるようにメモを取るということでしょうか。人間には書いておくこと、それを意識化し、半ば強制していくことも必要になるでしょう。

5　上田教育学から得られること

上田が何よりも学びの基本、そして知識を身につけていくことで最も大切にすべきだとしていたのは、目の前で展開されている社会的現実として起きていることに対峙し、そこで何を問題として解決していくべきかを考えていく姿勢と、解決力を手に入れていくことでした。問題解決学習の中核にあることです。

現実の社会生活で起きていることは、現実の中で学ばなければならないのです。しかし、今、この当たり前のことが揺らぎ出しています。私たちはスマホを使い、身近にあることに無関心になり、逆にネットの情報にあまりにも依存し過ぎてしまっています。ネット依存症です。新しい学習指導要領で導入されるＩＣＴ教育でも、時にはネット情報やスマホ環境を正しく利用していく知恵を身につけていくことが大切でしょう。

新しい学習指導要領でめざそうとしているアクティブ・ラーニングの本来の考えを活かしていくのならば、上田の言う問題解決学習になるはずでしょう。そして、上田が実際に学校の現場教師との共同研究で作り上げてきたカルテや座席表授業案等の考えは、示唆に富むところが多いと思います。もちろん、あくまでも私たちが参考にしなければならないのは、そこにある思想です。形式的な方法を学ぶことではないでしょう。

上田は問題解決学習の考え方を述べていく中で、人間の学びの基本としてのあるべき姿を何度も述べています。それは「動的相対主義」であり、「関係追究」の活動でした。これは単に授業にみる学習者の学習の姿だけでなく、人間の認識形成の基本にあることでもありました。学ぶ主体である児童・生徒、そして私たちも、対象にじっくりと向き合い、新しい発想で物事を考えていくという「動的な過程」を通して理解や知識を自分のものにしていくことができるのです。新しい学習指導要領では、実にたくさんのことを学ぶ側の児童・生徒に、そして教師に求めています。そこでは考える力、思考力が問われ、また判断力をつけることも求められます。協同的で対話的な活動も大事なこととされています。

このような中でゆっくり問題と向き合い、考えていくことが、どこまで可能になるでしょうか。もっと問題解決学習を実現していく時間的余裕が欲しいと思います。小学校では特に、低学年の児童が分からないまま見切り発車で授業が進んでいくことに拍車がかからないことを望むばかりです。

新しい学習指導要領でめざしていることでもう一つ大事なこととして、アクティブに学び続けることを生涯にわたって追究していくことがあります。生涯にわたって学びに向かい続ける力を育てようという、生涯学習を視野に入れた学習改革でもあります。この考えは大事なことですが、それでは具体的にどのような生き方をしていけばよいでしょうか。

ここで、上田の考えが如実に示されている逸話を述べて、この章の終わりにしたいと思います。上田が立教大学の文学部教育学科の学科長をしていた時に、卒業式で学生に贈る言葉として次のようなことを述べています――気張る必要や肩を怒らせる必要はないのです。難しい道と易しい道とがあってどちらを選ぼうか、という時には、ほんのちょっとだけ難しい方を選んでください。自分の得になる道と損になる道とがある時には、ほんのちょっとでよいから損をする方を選んでいってください。そういう選択を繰り返していくことを経て、いや選択することそのもののなかで、皆さんの人間としての値打ちが築かれていくと思います。

この話を傍で聞き、そして私たちに教えてくれているのは、当時の学科の同僚であった寺崎昌男です。これは上田薫著作集４に収められた月報12（１９９４年３月）の記事として、寺崎が「立教のころ」という題で上田薫のことを書いたものです。

第5章　学習と教育の相互的関わり

学ぶことの基本にあるのは、自分にとって必要となっている知識を具体的な出来事や対象の理解を通して獲得していくことです。それでは、このような学びは自分一人の力だけで実現できるのでしょうか。教室の学習は、教師の働きかけや他の仲間との相互的な関わりとして起きています。ですから、学ぶことと教わることを切り離して論じることはできません。実際、両者はまさに混成し合う関係になっています。

この二つの絡まり合いを積極的に学習・教育論として論じたのが、ロシアの発達心理学者のヴィゴツキーです。彼は学ぶことと教えることの間で起きていることを「発達の最近接領域」として論じました。この発達を促し、支えていく「領域」は具体的には学ぶ者が指導者や仲間と協同的な活動として展開していくことで作られるものです。これは、新しい学習指導要領で重視されている、対話的で協同的な学びの先駆けになっているものでもあります。

ヴィゴツキーの理論から、アクティブ・ラーニングで強調されている主体的な学びの本質にあることや、協同的な学びの実現のための方策が得られるはずです。

1 学ぶことと教わることとの交わり

(1) 発達と学習についての二つの考え――ピアジェとヴィゴツキー

はじめに、人間の発達と学習についての基本的な考え方として二つを確認しておきます。それはピアジェとヴィゴツキーの理論です。

ピアジェは、これまで誰もやらなかった人間の誕生から成熟までの認識の形成過程をユニークな理論で説明しました。そして、彼が強調したのは、人間は環境の中で経験した内容を自分なりに理解し、知識としてまとめていくことで知性を作っていくということでした。自分の力で自分の認識を形成し、それを使って外の環境とうまく適応していくことが、人間の基本的な発達の姿と考えたわけです。この発想は、かつての学習研究で支配的だった教え込みの思想とは異なるものでした。子どもは親や大人が与えたことをそのまま受けとめていくという発想ではなく、子どもが主体的に自分の知識を形成していくということです。

ピアジェは理性の能力を順次獲得していくことが人間の発達であり、この発達のコースに従って人間は進んでいくとして、人間発達の普遍的な姿を強調しました。人間は基本的にはピアジェが理論化した発達のコースを予定通りに進んでいくという、予定調和の発達論です。

それでは、実際の児童・生徒の発達はこのように決まった発達のコースをたどるのでしょうか。たしかに数年間、あるいは十数年間の発達の大きな変化としては、一定の決まった順序変化はあるでしょう。ですが、学校における子どもたちの学びと理解や知識形成の過程は、具体的な教材や教育内容と関わりながら少しずつ進んでいく、いわば微視的な変化です。この小さな過程とその積み重ねは、ピアジェのような大きな発達変化の「時間の目盛り」では計ることはできないのです。しかも、この変化の過程は決まった通りには進みません。ピアジェの予定調和ではなく、反・予定調和なのです。

このようなピアジェの予定調和的発達論に異を唱えているのが、ヴィゴツキーです。二人には、発達についての考え方に違いがあります。ヴィゴツキーは、ピアジェのようにあらかじめ決められた発達のコースがあるかのような発想を取りませんでした。ヴィゴツキーは、人は発達の早い時期から、そして最期まで、絶えず社会的存在として外部の世界と接触し、お互いに影響を与え合いながら自己の成長と発達を実現していくと考えました。つまり個人の内的な要因だけで成長・変化をしていくのではなく、他者との関わりがあり、予定外のことが起きて思いがけないかたちで成長・発達が進み、実現していくのです。予定調和で発達を描くことはできないのです。教室の子どもたちの学びの姿や発達の様子も、まさにこのようなものです。

彼は言葉と思考の形成についてもユニークな考えを出しています。人間は発達の早い時期から他者と関わり、コミュニケーションという活動を行っていますが、コミュニケーションという社会的活動としての言葉は、次には自分の思考活動を支えるためのものとなっていきます。これが人間の発達が進んでいく方向だとしました。

(2) ピアジェ批判からみえるヴィゴツキーの学習論

ここでは、ピアジェの発達と学習論についてヴィゴツキーがどのように批判していたのかを、彼の主著である『思考と言語』(1934) でみていきます。

ヴィゴツキーがピアジェの発達と学習論を批判しているのは、『思考と言語』の第2章と第6章の二か所です。第2章では、ピアジェが子どもは幼児期では他者とコミュニケーションを取ることがなく、そのために彼らの言語と思考の働きも不十分な状態であると述べていたこと (ピアジェ 1923) を主に批判しました。そして第6章では、ピアジェの学習論をかなり痛烈に批判しています。そして、子どもの発達と学習を考えるうえで教育がいかに重要であるかを論じています。

具体的に『思考と言語』の第6章「子どもにおける科学的概念の発達の研究」をみていきましょう。タイトルにあるように、学校の子どもたちの学習について集中的に論じています。ヴィゴツキーは、学校教育とは、子どもが自分の生活と経験の中で身につけてきた知識や理解 (これを彼は自然的概念とか生活的概念と呼んでいます) とは異なる一般性と体系性を可能にする科学的概念との出会いを提供することだと言います。つまり、個人的な体験という限定的な知識を超えることを可能にしていく機会を提供するということで、そこで子どもは異質なものと出会うことになります。ですが、ヴィゴツキーは、自然的概念や生活的概念を捨てて、科学的概念を伝え、学ばせていくことが教育の役割だとは言いませんでした。むしろ、子どもはそれまで自分が持っていた知識や理解の仕方とは違うものと出会い、今までの生活的概念と科学的概念の二つを結びつけていくことで、より広い発想で物事を捉えていくようになり、新しい学習や発達が生まれてくるのです。これが教室で科学的概念を提供していく役割です。大事なのは、科学的概念の重要性を学習者が「自覚すること」なのです。

ヴィゴツキーは次のように述べています。「自分の考えを別の考えの中に置くことで広い視野からみていくことができ、相対化していくことが可能になることである」（邦訳 p.266）。要するに概念を個人の狭い範囲に限定したり、そこだけに通用するのではなく、より広い科学的概念を持つことで自分の認識の幅を広げることが重要であり、そうすることによって、ひいては自分自身の精神過程を多角的に見ながら制御する働きがもたらされるということです。これが子どもの発達と学習を動かしていく主要な力になっているものです。そして、子どもに与えるものは何でも良いというわけではありません。体系化を促すものが必要なのです。それが科学的概念へと導く教授の役割ということになります。「自覚は科学的概念の門を通って現れる」（同ページ）のです。ここに教授の役割があります。そして何よりも、子どもの側に自覚化が起きることが必要です。

このように、ヴィゴツキーは子どもの学習を促していくことを可能にしていく教材や教育内容を提供していくことが重要であるとしますが、同時に、これらに接しながら学習者自らが自分のこれまでに持ってきた知識や理解の不十分さに気づくこと、自覚が生まれてくることがより大切なことになります。ともすると、ヴィゴツキーの理論は教育の役割を重視した学習論であると捉えられがちです。これは完全に間違いではないのですが、それだけではなく、学習者が自主的に学びの活動へと向かっていくことを強調しているのです。

ここで、新しい学習指導要領のことを考えてみますと、そこでは学習者の主体的な学びの活動を重視しながら同時に、基礎・基本を教える大切さも強調しています。ですが、これらを並列的に並べてしまって、どちらも重要だとしてしまっては不十分です。そして、基礎・基本をただ機械的に教えるだけでは、主体的な学びはうまく説明できなくなるでしょう。ヴィゴツキーの指摘に注目していくべきでしょう。

(3) ヴィゴツキーの学習・教育論――発達の最近接領域論

ヴィゴツキーの『思考と言語』第6章の内容で私たちに最もよく知られているのは、「発達の最近接領域」の考えです。この章のタイトルが「子どもにおける科学的概念の発達の研究」ですから「発達の最近接領域」の考えは、子どもの学習を支える教育の役割を指摘していると読まれることが多いと思います。彼はこの章の後半部分で「発達の最近接領域」について詳しく述べていますが、すでに前のところでも確認したように、彼は学習と教育を考えていく時に、決して教育の役割だけを述べてはいません。彼の「発達の最近接領域」も、学習者の主体的な学びの活動を念頭に置きながら読むことが大切です。

ヴィゴツキーは、「発達の最近接領域（ZPD: Zone of Proximal Development）」を次のように説明しています。「自主的に解答する問題によって決定される現下の発達水準と、子どもが非自主的に共同の中で問題を解く場合に到達する水準との間の相異が子どもの発達の最近接領域を決定する」（邦訳 p.298）。さらに、次のように続けます。「学校において子どもは、自分が一人でできることではなく、自分がまだできないこと、しかし教師の協力や教師の指導のもとでは可能なことを学ぶのである。教授－学習において基本的なことは、まさに子どもが新しいことを学ぶことである。それ故、子どもに可能なこの移行の領域を決定する発達の最近接領域は、教授と発達との関係においてもっとも決定的なモメントである」（同 p.302）。

引用した文章の後半で「教授－学習において基本的なことは、まさに子どもが新しいことを学ぶことである」と指摘しているように、学習者主体の中で変化が起きてくる活動として展開されていることが「発達の最近接領域」なのです。「発達の最近接領域」のエッセンスを図として表すと、図5-1のようになります。

この図が表しているように、「発達の最近接領域」には、主体の発達を支えるものの存在＝教授活動と、主体が自分のものにしていくという「内化（内面化）」の二つの過程が含まれています。

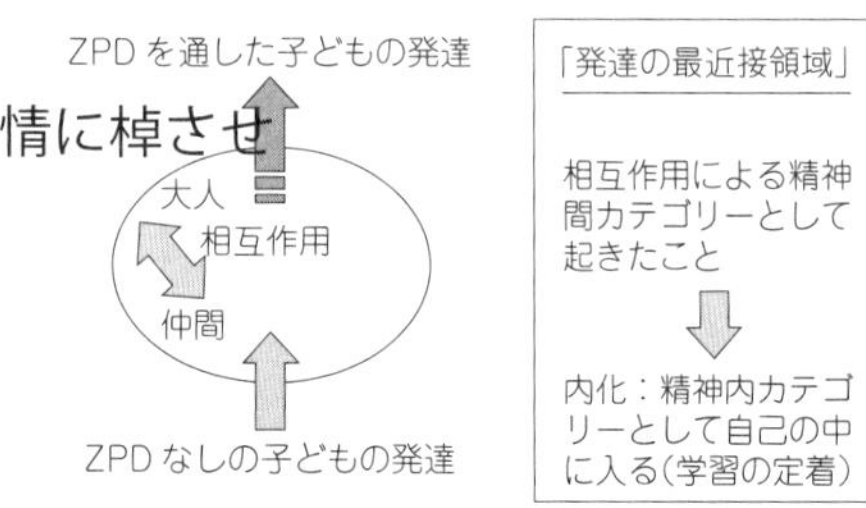

図 5-1　「発達の最近接領域」と内化の過程

「内化」は主体のまさに内的活動ということですが、教授の活動と学習者の主体的な認識形成の過程の二つが切り離されることなく密接不可分なかたちで展開されているということです。ですから、図の右に表した「精神間カテゴリー」は教室における教師と子ども、あるいは子ども同士の相互的活動のことです。そして、この相互作用で得たものを自己のものにしていく「精神内カテゴリー」へと移行していきます。

　学校教育の中で子どもが主体的に学んでいくことを、ヴィゴツキーが初期に書いた『教育心理学講義』（1926）で確認しておきたいと思います。ここには子どもたちを学びの主体として位置づけるという、彼の学習観がはっきりと示されています。たとえば、この第2章の「教育の生物学的要因と社会的要因」では、生徒の個人的経験を軽んじてしまって、学ぶことを受け身で行われているように言うのは科学的に最大の誤りであると述べているのです。教育は、生徒を教えるのではなく、生徒が自分で教えられるように組織されるべきだとして、次のように言っています。「教育過程の基礎には、生徒自身の活動が置かれねばなりません。あらゆる教育技術は、この活動を方向づけ、調整することだけに向けられるものでなければなりません。教育過程では教師はレールであって、運動の方向だけが決められており、その上を車両が自由に自主的に動くことのできるようなものでなければなりません」（邦訳 p.26）。この後のところでも、教育者はちょうど植物の成長を助ける環境を整える園芸家のようなものだと書いています。

2　内と外の境界で起きている発達と学習

前のところで、ヴィゴツキーの「発達の最近接領域」をみた中で、学習者の内化の過程のことにふれておきました。そこで起きていることが、精神間から精神内への移行でした。ここでは、精神間と精神内の二つのカテゴリーとその移行についてみていきます。

（1）精神間と精神内の二つのカテゴリー

ヴィゴツキーが人間精神を考える時に前提にしたのは、人間は社会的な存在であるということです。人間の精神活動は、社会・文化やその歴史的変化の中で形成されていくという考えです。教室の学習を考えた時、単純に生徒がすべてで、教師はゼロだとすることはできないのです。生徒の学習を支える教材や教育内容という外的な手段がなければ考えることも不可能なのは当然のことです。

他方、逆に教師や教材がすべてで、生徒はゼロというのも大きな間違いです。教科書、教材、教育内容という外的手段は、いわば社会・文化的なものであり、文化的道具でもあります。これらは学習者個人の周りにあるという意味では外的なものです。これが精神間になります。学習者がこれらの外部にあるもの、そこから得たことを理解し、自分のものにしていくことは自分という精神の内部で起きているので内的なものです。精神内ということです。

個人ははじめから社会的関係の中に位置づいているのですが、それでは個人は社会に枠づけされているだけなのか、教室の学習では教材や教科書の内容をそのまま学習者に移行させるだけかというと、そんなことではないのです。精神内に移行した時には、独自のものとして立ち上がってくるのです。同じ教材に接している子どもたちもそこで考える内容は決して皆同じではありませんし、仮に結論として同じところに辿りついたとしても、その思考過程は異なっています。これは多くの教師が、日常教室で感じていることでしょう。

精神間という社会的活動は、精神内という主体の側での変化となっていき、精神間を通して経験したことの意味を自分のものへと内化していきます。ヴィゴツキーの言う「心内化」が意味しているのは、はじめは外部にあったものを自分の中に取り込み、使用可能なものにしていくこと、最終的には自分のものとしていくという主体化のことです。「自分のものにしていく」という言葉で表されているように、機械的に外部にあったものを移行させるだけでは自己の学習や発達は実現しないということです。主体的に学ぶことが不可欠だという意味がそこにあります。

学校の学びの場での精神間の活動は教師の働きかけ、そして仲間の間で交わされる発言です。他者の言葉から触発されて自己の中で変化が起きます。精神内での動きです。この個人の中で起きたことは、今度は発言となって外に出されます。精神間の活動として教室の中に返されるのです。これが「発達の最近接領域」という教室の学びの中での精神間と精神内の間の往還です。

(2) 学習と発達における模倣と気づき

精神間と精神内の二つの間にあって、両者をつなぐような働きをしているものを考えてみます。それは模倣の活動です。模倣は模倣するモデルが自分の外にあるということでは精神間です。同時に、模倣は自分の中にそれを取り込む精神内の活動です。ヴィゴツキーは模倣に新しい意味づけを行っています。

ヴィゴツキーは『思考と言語』の第6章「子どもにおける科学的概念の発達の研究」で、「発達の最近接領域」を論じながら模倣について重要な指摘をしています。「発達の最近接領域」を生み出す契機、つまり新しい学習と発達が生じることになるのは、子どもが模倣をしようとしてできないことに気づくことに始まるということです。自分ができないことに気づくことで、その克服のための発達の目標が実感されてくるわけです。「発達の最近接領域」というのは自己の不十分さを自覚すること、そしてその克服をめざそうとする自己の変革の可能性が生まれてくることなのです。ヴィゴツキーの発言です。「学習心理学全体にとっての中心的なモメントは、共同のなかで知的能力の高度の水準に高まる可能性、子どもできることからできないことへ模倣を通じて移行する可能性である。発達にとっての教授・学習のすべての意義はここに基礎をおく。これが、実をいえば、発達の最近接領域という概念の内容をなすのである。模倣は、これを広い意味に解するなら、教授・学習が発達におよぼす影響の実現される主要な形式である」（邦訳 pp.301-302）。

これまで、模倣は他人の動作を機械的にまねることとされてきました。他者の行動を機械的に自分の中に移し入れるだけで、そこに主体の役割を位置づけることはなかったのです。このような見方を変える必要があるのです。

教育の中で模倣の役割を考えた時、その条件としては、まず模倣しようという他者が存在するということです。そして、いささか逆説的なのですが、有能な他者の行動を模倣しようとする時に、同じようにはできないという実感を得ることが大切になります。

ヴィゴツキーは、人間の発達の中で実際にみられるのは、できることとできないことが相互に繰り返される、不安定な状態であると言います。これが彼の言う発達の「危機」と「安定」の二つの相で、発達はこの二つが交互に現れてくる中で起きているのです。彼は、発達としてまだ不十分で、安定していない「危機」の状態こそが、より進んだ発達の状態へと進んでいくきっかけをつくる時だとしています。ここで子どもも、そして大人も、新しいものを形成していきます。発達や学習の可能性を引き出していく働きかけは、この「危機」の状態にある時にその役割が発揮されるのです。未完成の状態だからこそ、外からの働きかけが生きてくるのです。ヴィゴツキーが「教授・学習との関連における学齢児の知的発達のダイナミクス」（1933）で述べている言葉です。「発達の最近接領域は、まだ成熟していないが成熟中の過程にある機能、今はまだ萌芽状態にあるけれども明日には成熟するような機能を規定します。つまり、発達の果実でなくて、発達のつぼみ、発達の花とよびうるような機能、やっと成熟しつつある機能です」（邦訳 p.64）。彼は「発達の最近接領域」の働きをこのように言います。ここからも分かるように、発達を完成された状態だけで区切るという発想では変化しつつある過程を捉えることができないのです。大切なのは、これからでき上がりつつある過程とその変化です。これがヴィゴツキーの発達に対する基本的な考えです。

このことを教育の場面で考えてみましょう。これまで教育では、分かること、できることが重視されています。ですが、これまでみてきたように、分からないこと、できないことこそが分かりたい、できるようになりたいという学習の動機を生み出しているのです。分からないことをもっと大切にすべきでしょう。

3　学習と発達――自己運動

（1）発達の原動力としての自己運動

ヴィゴツキーの「発達の自己運動論」について考えてみます。主体が自身の発達を作っていく過程を重視することを言ったものです。

ヴィゴツキーの言う「精神間から精神内への移行」で起きていることは、主体が自己の発達を創り上げていく活動でした。ここにみられるのが彼の「発達の自己運動論」です。「子どもの発達の年齢的時期区分の問題」(1933)では、発達は「先行する段階では見られなかった新しいものが絶えず発生し形成される人格の不断の自己運動過程である」(邦訳 p.25)と述べています。この論文のタイトルは子どもの発達のこととなっていますが、子どもに限定したものではなく、広く人間の発達に当てはまることです。

人間の発達、そして人間の内的世界＝意識の基礎になっているのは、外部世界から得られる経験です。そこには他者との関わりで得られるものも含まれます。ですが、経験したことそのものは、あくまでも経験という出来事でしかありません。ヴィゴツキーは、そのことを、自己の内的過程の中で自分なりに意味づけていかなければ発達や意識の形成には結びついていかないと言います。外的対象との関わりで得たものは内的な過程の中で内的な経験となっていくのであって、それは決して外部から与えられる経験から得られるものではないからです。彼は個人の内的過程で起きていることを「心的体験」と言い、これを経験の単なる寄せ集めという意味のニュアンスが強い「経験」とは区別しています。「心的体験」は、環境の中で出会った出来事を個人の内的世界の中に位置づけ直していくという主体の役割を強調したものです。

「心的体験」でヴィゴツキーが強調していることは、人間は出来事を意味づけ、そこから大切なものを得ていく内的な生成の力を持っているということです。彼は子ども、そして人間は、環境から受ける影響をその意味や価値を自分なりに受けとめ、解釈していくと考えました。このようなかたちで自己の中で形成されたものは、まさに人格と言われるものです。外的世界やそこでの出来事を自己の中で「心的体験」とし、最終的にはそれは人格を構成していくものになっていくのです。

(2) ヴィゴツキーの子どもへのまなざし――児童学

ヴィゴツキーが発達と学習の形成を当事者である学び手に求めたことは、彼の「児童学」の考えによく表れています。「教育過程の児童学的分析について」(1933)と、「学齢期における教授・学習と知的発達の問題」(1934)では、発達の内的過程は教授・学習だけでは説明することができない独自のものであることを指摘しています。発達過程と教授・学習過程とは関係し合いながらも、同一のものとしてしまうことはできないのです。『「発達の最近接領域」の理論』の中にある「生活的概念と科学的概念の発達」(1933)でも、教授・学習と子ども自身の学習の活動とを区別すべきであると言います。彼の発言です。「子どもの発達は、教育過程そのものの進行とは一致しません。子どもの発達は、学校での教授・学習の進行そのもののダイナミズムと結びついていながらも、それに解消されない内的論理をもっています」(邦訳 p.155)。

ヴィゴツキーは、教育を論じていく時に、教えることと区別して学習者の学びの活動に注目しながら研究していくことを「児童学的研究」と言いました。先の「学齢期における教授・学習と知的発達の問題」の中では、実際に児童学研究を次のように述べています。

私たちの仮説が確証するのは、教授・学習過程と発達の内的過程の統一性であって、同一性ではありません。それは前者の後者への移行を前提にしています。外的意識や子どもの外的技能がどのようにして内的なものになるかを示すこと――これは児童学研究の直接的対象をなすものです。…各々の子どもの頭のなかで、学校での教授・学習過程によってよび起こされた発達過程がどのようにして進むのかを教師のために明らかにしなければなりません。学校の教科のこの内的で地下に潜む、発生的な網を明らかにすることは、児童学的分析の第一義的な課題でしょう。（邦訳pp.25-26）

ここで引用した文章は、ヴィゴツキーの児童学研究と児童学的分析を大切にする姿勢を述べたものです。しかし彼が亡くなった直後から、児童の発達過程を重視するような姿勢は教育の役割を軽視するものだとして、当時のソヴィエト教育学によって批判されます。いわゆる「児童学批判」です。そのために、この引用した文章は削除されました。現在は削除される前のものも読めるようになりました。ここからは、ヴィゴツキーが子どもの主体的な発達の過程を重視する姿勢を実感できます。

4　再び「発達の最近接領域」を考える

ここでは、「発達の最近接領域」についてもう一度、教室におけるいくつかの学習の様子を例にしながら考えてみます。

(1)「発達の最近接領域」にある教授・学習と個人の活動

前のところでも確認をしましたが、「発達の最近接領域」は、人間の発達や学習を支援する大人や指導者の役割だけを言ったものではありません。ヴィゴツキーは内的発達変化に言及しながら「発達の最近接領域」を論じています。『「発達の最近接領域」の理論』にある「学齢期における教授・学習と知的発達の問題」(1934)では、教室の教授・学習の基本的な役割は、発達の最近接領域を創造することであるとして、彼の「発達の最近接領域」の考えを繰り返し述べ、それは、大人や友だちとの協同の中でのみ可能であると言います。そして、この後、子ども自身の発達の内的過程が生じ、子どもに発達を自覚させ、自らの学習の活動へと向かわせていくと続けています(邦訳p.22-23)。このように、学びは主体の中での変化であり、最終的には自分自身の発達へと向かっていくことこそが、「発達の最近接領域」なのです。

ここで彼は「『発達の』最近接領域論」という言葉を使っており、「『学習の』最近接領域論」とは言っていません。「発達」はまさに発達、成長であり、「学習や訓練」と同じではないのです。これは何を意味するのでしょうか。ヴィゴツキーは、先の「学齢期における教授・学習と知的発達の問題」で、周りの人たちとの相互関係、協同のなかで発達が起きると指摘した文章に続けて、次のように述べています。「教授・学習は、この観点からすると、発達ではありません」（同ページ）と。つまり、大人や仲間と協同で活動しているその今の場で展開されている教授・学習の過程が、直ちに子どもの成長変化、つまり発達の過程にはならないのです。もちろん、ヴィゴツキーが正しく指摘するように、教授・学習なしで発達過程を扱うことはできないのであって、その意味で教授・学習は発達を促すモメント（力）になってはいるのです。ですが、発達は教授・学習の後から生まれてくるのです。ですから、ヴィゴツキーは「発達の内的過程が進むにつれて、のちには子ども自身の内的財産となる一連の内的発達過程を子どもに生ぜしめる」（同ページ）と述べているのです。

具体的な例でこのことを考えてみましょう。筆者はかつて、授業の中で子どもたち同士が議論する様子を観察・記録し、分析したことがあります（『認知心理学の読みの世界――対話と協同的学習をめざして』（1996））。小学校4年生の国語の授業『ごんぎつね』の物語文の読みでした。その時、複数の子どもたちが毎時間の授業の中での話し合いをどう受けとめ、また自分の考え方をどのようにまとめていったのか、授業の分析と共にその理解の変化過程も同時に細かくみていきました。

その一部を資料でみていきましょう。ここで取り上げるのは、子どもたちの物語文の理解のタイプをいくつかに分けて、その変化していく様子をまとめたものです。この物語文の内容をごく簡単

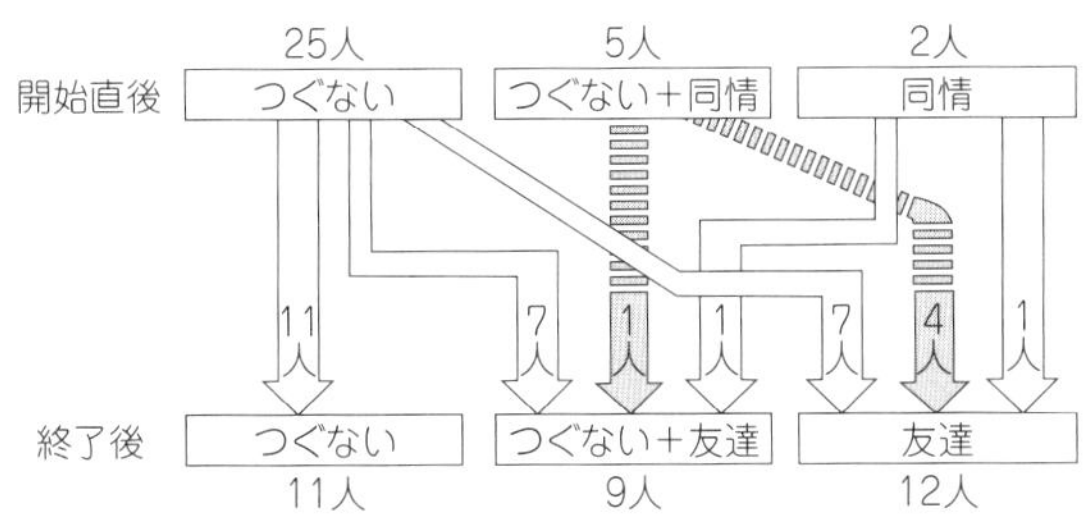

図 5-2　単元の「開始」と「終了」の間の読解変化（32 名）

に述べておきます。この作品は、国語のどの教科書にも採用されているものですが、主人公で擬人化されたきつねの「ごん」と村に住む若者「兵十」との関わりを中心に描かれたものです。きつねの「ごん」は村里に出てきてはいたずらを繰り返し、ある時「兵十」が病気の母親に食べさせようと捕ったうなぎをいたずらで盗んでしまいます。結局、母親はうなぎを食べずに死んでしまいますが、ここから「ごん」のつぐないの行為が繰り返されます。この「ごん」の行為について、単なるいたずらのつぐないだけではなく、別の目的もあるのではないかという読み方が、作品の中頃を読む授業の中で出てきます。子どもたちの読みのタイプを大きくいたずらのつぐないと、兵十と友だちになりたいという気持ちの二つに分けて整理すると、上の図（図5-2）のように授業開始と終了後では、子どもたちが変化をしているのが分かります。

さらに、子どもたちはどこで読みを変えたのかをみたのが図5-3です。図にあるように、はじめは「いたずら」として読んでいた子どもの中で「友だち」へと大きく読みを変えた子どもは、授業の終わりに多くなっていることが分かります。授業の中の話

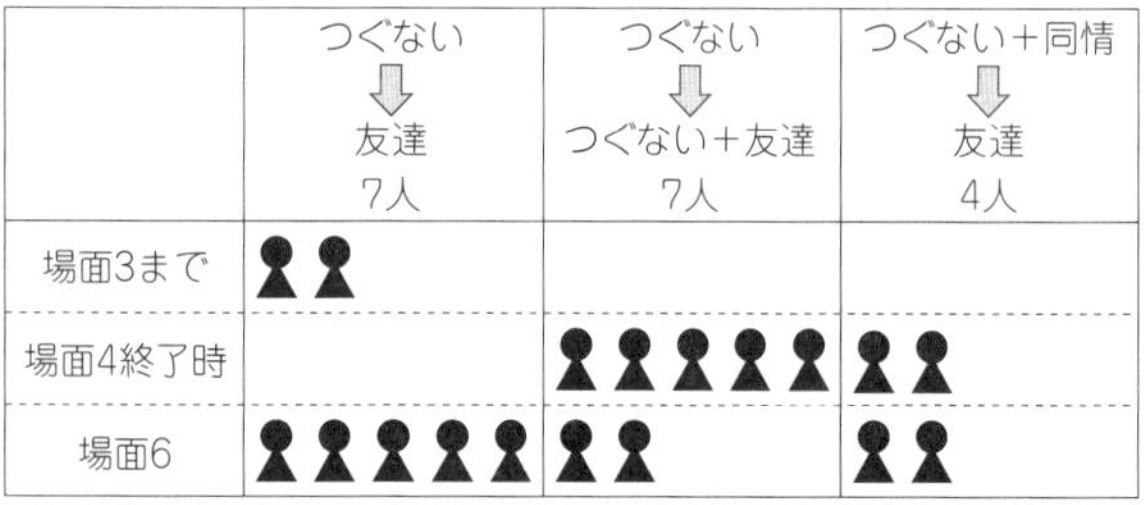

	つぐない ⇩ 友達 7人	つぐない ⇩ つぐない＋友達 7人	つぐない＋同情 ⇩ 友達 4人
場面3まで	♟♟		
場面4終了時		♟♟♟♟♟	♟♟
場面6	♟♟♟♟♟	♟♟	♟♟

図 5-3　子どもの読みの変化とそれが起きた時期

し合いでは、この図にあるように、この作品の中間部分の場面3で、つぐないなのか、友だちなのか、どの読み方をすべきなのかがさかんに議論されています。この議論は最後まで続くのですが、いずれにしてもこの図から分かることは、子どもたちが自分なりに納得するかたちで作品を読み、理解していくという個人レベルでの読みや理解の変化は、授業の中での話し合いの過程と一致していないということです。つまり、授業の中で議論し、相互作用したその日の内容が、直ちに子どもたちの理解にはなっていないのです。子どもたちは授業の話し合いの後になってから、そこでの議論を振り返り、自分の考えと対比させながら独自に作品に対する理解や読みを見直し、深めていったのです。そこには、授業の様子を分析しただけでは分からない個人の理解過程があります。この授業はおよそ一か月間にわたって行われたのですが、そこで子どもたちは、協同の活動を通しながらも、それに還元されない独自の自己の内的な理解を創り上げていたのです。

　ヴィゴツキーが授業という教授・学習の過程と個人の発達過程とは一緒にはできないと言い、教授・学習の協同の活動の後に個人の発達は起きているとしたことと同じことが、ここでも当てはまります。ヴィゴツキーが１９３０年代に指摘していたことを考えると、彼はすでに、実に重要なことに気づいていたことになります。

授業研究として教室における話し合いを分析する試みは増えています。その時、多くは授業における発話過程を詳細に分析するという質的研究が取られます。たとえば、秋田・藤江編の『はじめての質的研究法――教育・学習編』(2007) に収められた複数の論文、あるいは最近の同じく秋田・藤江編の『これからの質的研究法――15の事例にみる学校教育実践研究』(2019) の中にある論文なども、授業の中の子どもたちの発話分析を行っているものが多くあります。ですが、授業そのものの分析から直ちに子どもたちの理解過程を言うことには無理があります。

(2)「発達の最近接領域」にある二つの側面

「発達の最近接領域」は「学習の最近接領域」ではないと指摘した研究者を取り上げてみたいと思います。デンマークのヴィゴツキー研究者のチェイクリンはコズリン編の著書『文化的文脈におけるヴィゴツキーの教育理論』(Chaiklin 2003) の中で、ヴィゴツキーの「発達の最近接領域」を「客観的な発達の最近接領域」と「主観的な発達の最近接領域」に分けています。前者はヴィゴツキーの言う教授・学習過程で、後者が発達過程に相当します。「発達の最近接領域」には二つの「過程」があるという指摘です。そして、最終的には、「発達の最近接領域」が主体の発達を実現していくための「領域」となると言っています。実は、ヴィゴツキーも、教授・学習の過程と発達の

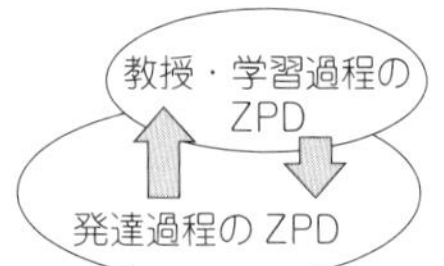

図 5-4 「発達の最近接領域」の二つの水準とその相互連関

過程は同じではない、だから両者は関連づけながら扱うべきだと論じていたのです。このことを図にすると図5-4のようになります。

ヴィゴツキーは、「発達の最近接領域」を実現しているのは外部の教育的働きかけであると同時に、それを受けて子ども自身が教育的な経験を自己のものとしていくことであり、この二つの総合の結果として発達と学習を考えていくことが必要だとしました。ここには、彼が一貫して、学習や発達にとっての主体の側の役割を重視していたことが表れています。これがヴィゴツキーの発達論であり、学習論です。それは決して教え込みの思想ではありませんでした。

ヴィゴツキーの理論から、私たちはアクティブ・ラーニングで強調されている学習者が主体的に学んでいくとはどういうことなのか、その具体的なあり方を学ぶことができるのではないでしょうか。

第6章／対話的で協同的な学びをめざして

この章では、教室の中で展開されている子どもたちの学びの基本的な活動である対話と協同的な学びについて取り上げます。対話や会話、そして何よりも、これらを作り出している話し言葉は日常のありふれた活動で、これらの働きや意味を取り立てて考えることは少ないと思います。ですが、教室の学びを教師と子ども、あるいは子ども同士の活動として考えた時、対話の働きをもう一度確認してみることは大切なことです。多分、優れた授業実践者は子どもたちの声をさまざまな角度から敏感に捉え、応答的な関係を作っているはずです。

新しい学習指導要領では、対話的、協同的な学びが学習活動の基本に据えられています。アクティブ・ラーニングで強調されている対話活動や協同的な学びはどのようなものであるべきなのでしょうか。

1　教室の言葉――話し言葉と書き言葉

学校教育の現場では、子どもたちは早い段階から文字、つまり書き言葉の世界に入ってきます。あるいは今日では、小学校に入る前から幼児教育や家庭の中で文字を教えることが一般的に行われています。ですが、言葉の働きとその発達を考えた時、その原初にあるのは人とのコミュニケーションという社会的活動を担っている話し言葉です。教室の学習を学び合いの活動として、話し言葉を大切にすべきでしょう。

（1）話し言葉の働き

言葉は元来は、人と人の間という精神間で働いているものです。これが自分の精神活動、つまり考える、行動を調整するという自分の思考の道具へと形を変えていきます。その時には、言葉は声にならない内言として形も機能も変わってきます。そしてその変化した精神が再び他者との精神間の活動となっていきます。

このように、話すことと考えることの間には連続性と移行があります。話すことから思考すること、また話すことへという、いわば「円環的な関係」です。これらはどちらが先にあるということではないのです。前の章で見てきたヴィゴツキーの『思考と言語』（1934）の最終章「思想と言葉」

では、思想は言葉で表現されるのではなく、言葉の中で遂行されると言いました（邦訳 p.366）。考えていること、思想が先に作られて、それらを表現するものとして言葉が選ばれるのではなくて、まさに思想は言葉と共に作られていくということです。言葉は、レディー・メードの服のようにして思想に着られることはできない（邦訳 p.368）のです。

考えながら話し、話しながら考えているのは、私たちがいつも体験していることです。自分の考えをまとめていくためにはそれを言葉で表現すること、話してみることから始まります。

教室の学習場面で、話し言葉で互いに考えを出し合うことの意味を考えてみましょう。教室の中で、自分の考えや意見をどのように表現し、伝えたらよいか考えあぐね、奮闘している子どもの姿をみることがあります。その時には、子どもは自分の考えをうまく表現することができないと同時に、その考えがいまだ明確になっていないことが多いのです。自分の言いたいことをはっきりさせるためには、それを表現するための言葉を見つけなければならないのです。そして、言葉で表現することで、自分が言いたかったことがはっきりしてきます。教室の中の話し言葉と対話は、他者との間での考えの交換と同時に、自己の中での対話、自己内対話を通して自分の考えていることを形にし、具体化していくのです。話し言葉による対話的活動こそが、教室の学びの中心に位置づくわけです。

（2）二つの言葉のモード――話し言葉と書き言葉

話し言葉が主に対話の状況で使われるのに対して、書き言葉は使われ方が違っています。話し言葉には特有な音声的側面、つまり抑揚や音楽的、表情的なものがあるのに対して、書き言葉は感性的側面を捨てた抽象的な言葉、文字による言語活動です。書き言葉は言葉を直接向ける人がいない、独り言のようなものです。白い紙の上で想像上の対話者と交わされる会話です。書き言葉というのは、言葉の音声的部分を消し、また目の前に対話者がいないというかたちで抽象化するという、「二重の抽象」が要求されてきます。

それでは、書き言葉が学校教育の中でなぜ、必要なのでしょうか。話し言葉は言葉が話される状況を共有している者同士の間で行われることから、主語が省略されたり、述語表現が中心になったりします。また、会話の状況や文脈が省略されることも、話し言葉の特徴です。会話をしている者同士は場面や状況が一緒だからです。ところが、書き言葉はこのような省略をすることは許されず、状況を共有していない人にも分かるようにするために構文的構造としては完全な言語形式を取る必要があります。

学校で文字という書き言葉を意識的に使っていくのは、抽象的な世界で活動していくことを自覚させる働きがあるということです。つまり、書き言葉の記号とそれらの使用法は、話し言葉の音声的側面の無意識的使用や習得とは違って、子どもをより知性的に行動させ、話しの過程そのものをより自覚的にするのです。書き言葉に必要な意図性を身につけさせるのが学校なのです。

（3）話し言葉と書き言葉の相補的関係

話し言葉には話す人の感情、感じ方、そしてその場の状況や出来事について直接感じたことが表現されています。具体性に満ちているのです。書き言葉は話し言葉が担っている発話の状況を、文字として表現しなければなりません。文字による表現ですから、個人的な発話のニュアンス等が含まれない、抽象的なかたちによる表現が中心にならざるをえなくなります。ですから、教室の中では、書き言葉では省略されてしまった状況の具体性が話し言葉によって担保されるのです。議論している内容の具体性を、話し言葉が補っていきます。ここには、話し言葉と書き言葉という、幾分表現の仕方が異なるものが互いを支え合っています。教室の活動は、このどちらも不可欠な二つの言葉によって展開されています。

ここで、書き言葉の世界で表現されたものをより実感を持って理解していくために話し言葉の活動を活かした授業実践をみてみます。そこでは、話し言葉と書き言葉の二つを円環的な活動として捉えています。筆者と一緒に研究をしてきた白川清久が小学校の国語の授業で行っている試みです。白川は小学校の現場で長い間、話し言葉を重視した実践を行ってきました。その一例をあげてみます。

白川は、小学校2年生の物語文教材の『アレクサンダとぜんまいねずみ』（教育出版、レオ＝レオニ・作・絵、谷川俊太郎・訳）を、文章を読むだけでなく、主人公のアレクサンダとおもちゃのぜんまいねずみのウイリーの気持ちを考えて音読する活動を取り入れています。この作品には、登場人物の気持ちや心情の変化を発言から推測して読まなければならないところが何か所もあります。たとえば、次のようなところです。①「ああ！」とアレクサンダはためいきをついた。「ぼくも、ウイリーみたいなぜんまいねずみになって、みんなにちやほやかわいがられてみたいなあ。」②ウイリーはためいきまじりに言った。「ぼくらはみんなごみばこ行きさ。」③「ぼくは……」アレクサンダは言いかけてやめた。そして突然言った。「とかげよ、ウイリーをぼくみたいなねずみに変えてくれる？」。

その他、このような登場人物の気持ちが入っている発話部分の心情を理解し、最終的にはこの作品世界を読むために、ここに出てくる発話を実際に声で表現することを、授業では取り入れています。②の「ためいきまじり」では、数名の児童が朗読した後、この発話のアレクサンダの心情について話し合いをします。

篠崎：ごみ箱にすてられちゃうからあきらめた。

C：ゆっくり声をだしてみると、悲しい気持ちになってきた。

C：ウイリーの目もうるうるして泣いているみたい。

最後の発言では、情景まで想像して発言しています。

あるいは③のアレクサンダが言いかけてやめた「ぼくは……」の部分では、次のような発言が出されています。

C：しょんぼりしている。
C：悩んでいる。ウイリーが捨てられることを考えてどうしようと思っている。
柳沢：悲しい感じで言っている。ウイリーがかわいそうに思って言っている。
丸木：速く、急いだかんじで言っている。

このように声のニュアンスを参考にしながら、児童たちは登場人物の心情に迫ろうとしています。このことは作品を深く読むことにもつながっています。書かれたものからそこでどのような発話の状況があり、またどのような具体的な場面であるのか、さらにはそこでどのような感情が登場人物たちに起きているのかを想像するのが、「読み」なのです。それで一度具体的な話し言葉の世界に戻してみることで、これらの「読み」の目標に近づけることができるということです。話し言葉（＝声の世界）を通して書き言葉（＝文字の世界）の内容に内実を与え、また「書かれたもの」をより深く理解していくことができるという、両者の間の相互連関、円環的関係の効果をこの授業ではまさに狙っているのです。

白川はまた、小学校4年生に落語という話芸の授業実践も試みています。小学4年生の国語教材

（教育出版）として「世界の民話」がありますが、その中に日本の伝統的な話芸の一つである「落語」が載せられています。この教材をただ作品として読むのではなく、実際に児童たちにも落語という話し言葉の世界を通して、この落語「ぞろぞろ」の作品を理解させようというのです。もちろん、落語を演じることだけが目的ではなく、児童たちがそれを実際に声に出して演じてみることで、この「ぞろぞろ」の話に出てくる主人公の村の茶店の主人やその奥さん、お侍さん、隣の床屋の主人の心情の理解、さらにはこの作品全体を深く理解していこうとしたのです。

白川は話し言葉の世界の豊かさを求めながら、日本の伝統の話芸である落語を授業に使ったユニークな実践を行ってきました。佐藤・白川（2001）では、これらの授業実践の概要とこの実践が意味していることを、理論的な考察も含めてまとめています。

2　共同の中で生きる個人 ―― 言葉という記号表現と共同性

教室では、学習者一人ひとりが自分の考えを言葉として表していきます。その一つひとつの言葉は他の学習者からの反応を生み、教室という空間における共同の言葉となっていきます。ここでは、言葉の個別性と共同性を論じた長谷川宏の考えをみていきます。ここから、協同的学びとして展開されている言葉はどのようなものかを確認することができます。

（1）言葉にみる個別性と共同性

私たちは個としての主体性を持って生きています。これは紛れもない事実ですが、これを過度に強調していくと、個別の主体性を優先させてしまう発想になってしまいます。心理学ではこの考え方に慣れ親しんできました。前の章では、ヴィゴツキーは自己の主体的な学びや発達を自己運動論と言っていたことをみてきました。これは、一見すると個の主体性を尊重した発想であるかのような印象を受けるかもしれません。ですが、そうではありません。ヴィゴツキーは絶えず、社会や文化、共同との関わりの中で個の主体を問題にしました。いわば個と共同・集団のどちらか一方の側だけに解消されるのではなく、主体はいつも外部世界との接触面、境界で生きているということです。

この後でみていく対話の哲学を論じたバフチンも同様のことを指摘しています。バフチンは、私たち個々人はいつも、他者という、自分と境界を分かちあっている者との間で言葉を交わし合い、共同のかたちで存在していると言います。だから、自己という内的な閉じた境界などはなく、自己という全存在はいつも他者との境界と、そこで起きている経験にあるのです（「ドストエフスキー論の改稿によせて」邦訳 p.250）。

要するに、私たち一人ひとりは独自の考えや意識を持ち、それを言葉で形にし、外に向けて発していきます。それは個人の独自の世界であり、活動なのですが、孤立した中で起きているのではなく、いつも他者という共同性の中ではじめて可能になっているということです。

言葉は人間的な共同性の場で行われるものであり、この言葉による協同的な関わりを通して共同的な言語意識が形成されています。個と集団の間の弁証法的な関係として言葉を論じなければならないのです。このことを追究しているのが、長谷川宏の『ことばへの道』（1997）です（長谷川の発言の引用では、「共同」の表記を用います）。

長谷川は、体験や意識が個人的なものとしてあることから議論を始めます。同じ事件に出くわした時、あるいは同じ経験をした時でもその体験の内容は個人によって違っていることが多いのです。なぜならば、「社会的共同的なものでも、それが体験としてあらわれるには個人の意識を通過しなければならないから」（p.219）である。このように、体験の核をなしているのは、それぞれの人間です。だから、人間の精神を社会的なものだけに還元してしまうことはできないのです。元来、社会的な性質を持った言葉を用いながら、共同の場で集団的な活動をすることによって一人ひとりの人間の意識がどのようなものになってくるのか、そのことをきちんと論じ、解いていくことが必要であると長谷川は言います。それでは、教室の中で交わされる一人ひとりの生徒の言葉と授業としての共同の言葉は、いったいどのようなものでしょうか。それは、どちらにも還元できないものでしょう。それはやや硬い表現ですが、長谷川は弁証法的関係になっていると言います。

（2）長谷川の言葉論――共同の中で可能になる主体の表現行為

長谷川は、記号という言葉の役割を論じながら、言葉による共同性の可能性を論じています。彼は次のように述べています。少し長いのですが、彼の発言を聴いてみましょう。

記号は、そういう個人的な体験を大なり小なり共同性の場にもちきたらす媒材にほかならない。表現主体がどのような意図をもって記号にかかわるにせよ、記号にかかわるかぎりで意識は共同の場にひきだされる。体験がどんなに個人的で独自なものでも、それを記号で表現する段になれば、個人性や独自性はいったん共同性の網の目をくぐらねばならず、表現における個人性や独自性はあくまでも共同性を基盤としたうえで発現するほかはない。それが記号表現における必然というものだ。体験は純粋に個人的な領域にも成立しうるけれども、記号表現はなんらかのかたちで他者の意識を介在させることによってしか成立せず、他者の意識をひきこむことで、その領域は必然的に共同性にそめられることになる。（p.220）

純粋に個人的な経験が他者に向かって表現される時、それは共同のものになっているということです。ここに、個人の意識と意味の共有可能性の原初があります。

個人から出た表現は共同の中で共有関係を作ると同時に、今度は自分が表現したものに反作用を与えてきます。共同の中で表現されたものは個という自己の意識と表現世界をより確かなものにしたり、逆に見直しと反省を自己に迫ってくるようにも働くということです。これは次のところでみていくバフチンの対話における自己と他者の関係の問題でもあります。

最後に、長谷川が、私たちは共同の中でしか個人として生きていくことができないと指摘していたことを取り上げておきます。

語義は……ひとつの平均値として一般的にその内容をさだめることができる。辞書作成の可能なゆえんだ。が、個人のおもいや言語主体をめぐる具体的な状況をうつしだす意味のふくみについては、そうはいかない。一般的抽象性と背馳するような個別具体性を本質として、それはなりたっているからである。……表現主体の側には、個別性具体性をどうにかして相手につたえて共有のものにしたいという欲求がやみがたく存在する。それは、ひとをことばへとかりたてる根源的な欲求だといってよい。人間は、共同規範的な語義の一般性に解消できない個別の生をそれぞれにいとなんでいるからこそ、一個の主体としてみずから言語表現におもむくともいえるし、ことばという共同の場を観念的に保有しているからこそ、自己の生にふくまれる個別性を個別性として対象化しうるともいうことができる。その共同性一般性と個別性のはざまに意味のふくみが胚胎する。
（pp.265–266）

ここで注意をしておきたいことは、長谷川は記号という言葉を使っていますが、それは言語的記号に限定したものではなく、身体や芸術的表現も含めたものです。

3　協同の学びの可能性 ―― 話すことと聞くことの活動

教室の中の学びの基本は、一人ひとりの学び手が他者の意見を聞き、また同時に自分の考えを他者に向かって述べていく協同の活動です。それでは、協同の学びの活動へと人を向かわせていくのには、どのようなものがあるのでしょうか。その手がかりは、やはりヴィゴツキーの研究の中に見つけることができます。そして、ヴィゴツキーの研究を参考にしながら研究を発展させたブラウン、そしてヘレンコールの研究があります。

(1)「相互教授法」

今では協同の学びについての古典的な研究になったものに、ブラウンたちが開発した「相互教授法」(1996)があります。この方法は、学習グループのメンバーが交代で学習活動を指導するいわゆる先生役を務めることで、逆にそこから生徒たちが学んでいくというものです。毎回先生の役になる生徒を交替させていくので、この名前がつけられています。先生役になった生徒は、学習のポイントになっていることを伝えていくという役割をします。他人に教えるという経験が学習として大切なことに気づいていくという効果を狙ったものです。つまり、生徒の学習への意識を変えていくことで学習を向上させようというものです。ブラウンたちはこの方法で多数の研究を行い、優れ

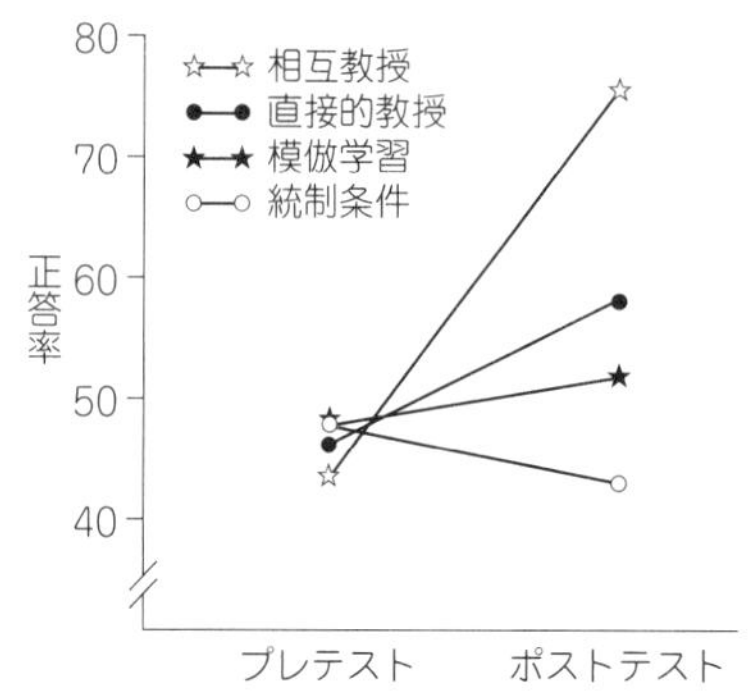

図 6-1　相互教授法の学習効果（Brown et al. 1996 より）

た学習効果を見出していますが、その一つの成果が次のようなものです。これは、特別支援教室にいる中学生の生徒の文章の読みの学習を「相互教授法」を使って行ったものです。生徒の多くは文章の読解に支障を持っていましたが、この方法によって彼らの文章理解能力は格段に向上しました（図6-1）。この図にあるように、プレテストとポストテストで生徒の文章読解能力を測り、「相互教授法」を経験した場合はポストテストで読解能力が高まっていたことが分かります。もちろん、教師が文章理解の方法を教えた場合にも効果はあったのですが、それと比べて「相互教授法」を経験した方が読解能力が大きく向上していました。

「相互教授法」では、先生役になった生徒は他の仲間に文章を理解するためにどのようなことに注意をすべきなのか、あるいは文章内容を把握するためにはどのようにしたらよいかといった方法を伝えていくことで、逆に自分自身の文章理解を促すことにつながったのです。彼らは学習障害の生徒で、多分に読みを苦手にしていました。ですから彼らは、通常の教師と同じような仕事ができるわけではありませんが、それでも仲間に大事なことを伝えていたのです。実際に教師役になった時に間違ったことを他の生徒に伝えた時もありますが、その時には傍にいる教師が修正と補助を行っていました。

実はこの「相互教授法」は、ヴィゴツキーの研究を応用したものでした。ヴィゴツキーが亡くなる年に書いた「知的障害の問題」(1934)という論文があります。『ヴィゴツキー障害児発達・教育論集』に収められています。ヴィゴツキーは、同じ作業を続けて飽きてしまった時、知的障害児と健常児では飽きてしまった状態から再び作業を始めるようにするためにはどのようなことが必要なのかを調べています。その時、知的障害児と健常児とでは、求められるものが違っていたのです。顔の絵を繰り返し描かせて作業に飽きてしまった時、知的障害児の場合は、子どもに別の色の鉛筆を与えたり、色鉛筆から絵具と筆に変えてみることで再び作業に取り組むようになります。知的障害児の場合には、作業をより魅力的なものにして状況そのものを変えることが必要だったのです。これに対して健常児の場合は、飽きた作業を継続させるために、このような状況を変える必要はなく、作業の意味を変えて「他の子どもにその活動の仕方を教えるために、もう少し作業を続けてください」と教示するだけで継続の効果が出たのです。状況の意味を変えるだけで良かったのです。つまり、子どもが他の仲間に教えてあげるという立場に立つことで状況の意味が変わり、作業を続ける動機が生まれたのです。

このヴィゴツキーの知的障害児の研究から示唆を受けて、ブラウンたちは、教師役、あるいはイ

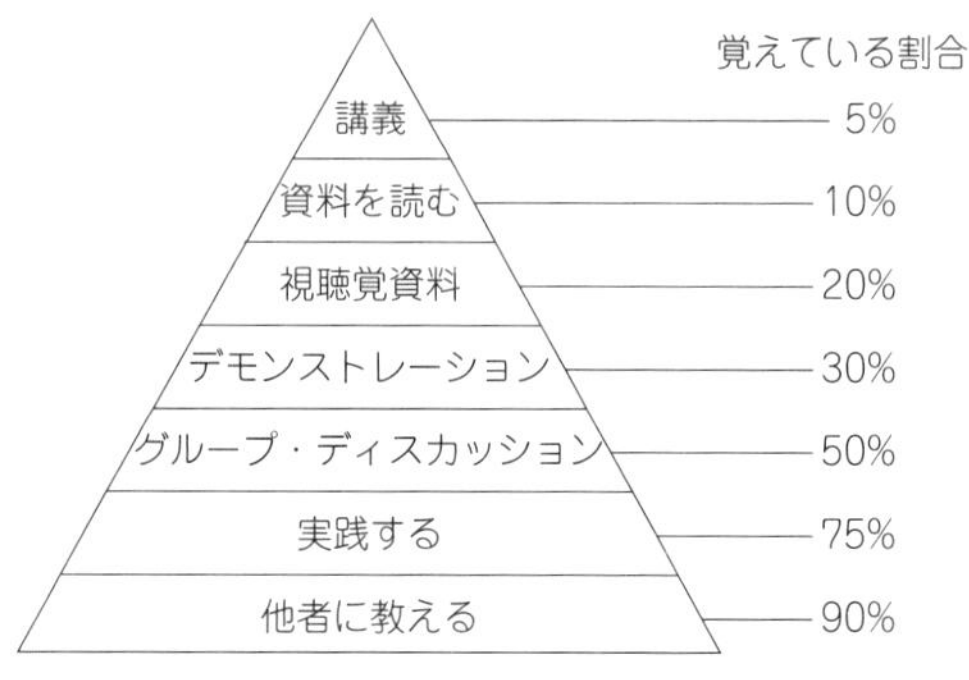

図 6-2　学習のピラミッド

ンストラクターの役割を演じてほしいと言って、状況の意味を変えるという方法を開発しました。それまでの受け身で教師から教えてもらう立場から他の生徒に教える活動へという変化が、より高次な学習、しかも主体的に考えていくという変化が起きたのです。教え合うことの積極的な意味がそこにはあります。

最近も、相手に教えることが学習の効果を高めるという報告があります。通常、「学習のピラミッド」と言われているものですが、図6-2のように、大学生が講義内容をどれだけ憶えているかを調べてみると、受動的な学習形態から能動的に学習に参加するにつれて、よく憶えているという結果でした。特に、他者に教えることが最も効果的になっています。協同の学びで互いに教え合うことも同じ状況でしょう。

(2) 仲間の意見を聞くこと —— ヘレンコールの研究

ブラウンたちの「相互教授法」は協同の活動の中でも教

え合う、あるいは意見を述べ合うという、話す活動の面に注目したものでした。この「相互教授法」にもう一つ、他人の意見に耳を傾けて聞くという活動を加えてみるとどのような効果が出てくるでしょうか。それを研究したのがヘレンコールたちです。実は、この研究で大切なことは、実際の教室の学習では、自分の意見を述べながら、同時に仲間の意見を聞くということがあり、この活動も大事になっているということです。

ですから彼女たちは、協同学習の活動として、他者の意見を聞くこと、そして他者の考えについてコメントをすることが学習を高めていくために必要であると考えたわけです。そこでブラウンたちの「相互教授法」に加えて、「聞く」という役割を体験させてみました。つまり、生徒たちに、それぞれの時間で「聞き役」として、授業の話し合いや内容について「コメント」する役割を交替で務めさせ、聞くことを経験させせました。ここで大事なことは「聞く」という活動はどんなことか、そこで何が必要なのかという、子どもたちがよく分からないことを具体的なかたちで示してあげたことです。これは「学習手がかりの外部化」と言われるものですが、はじめは聞いたり、コメントをする時に必要になることを具体的に書いたカードを子どもたちに与え、これを手にしながら学習していきました。ですが、子どもたちが次第にその方法を身につけていくと、カードも必要としなくなりました。図6-3はその結果です。上の棒グラフで手前の濃いアミは「相互教授法」を用いた授業で、うしろの薄いアミは「相互教授」と「聞き役」の二つを体験する授業であり、子どもたちが授業の中で自主的に発言した回数をいくつかの発言内容別に表しています。相互教授法に加え

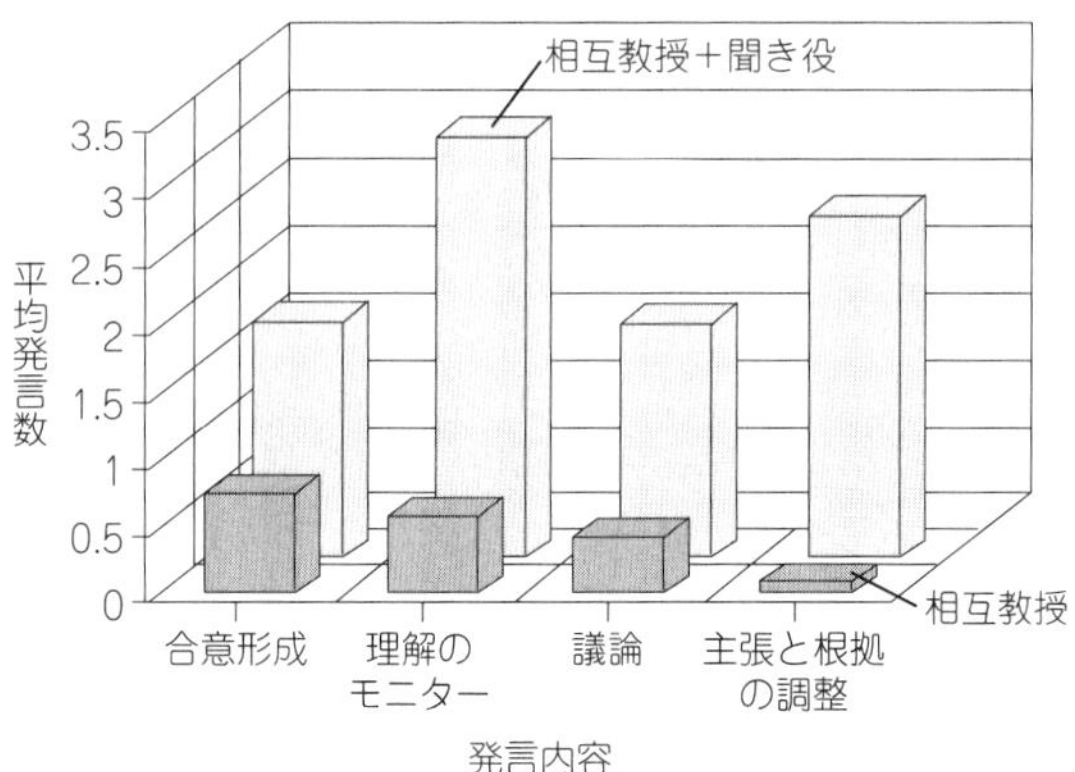

教室1 生徒	質問数	教室2 生徒	質問数
ゼレー	0	ローディー	29
サルバドール	0	タミー	16
ジャニー	0	オリビア	24
スーザン	1	デニス	19
ピーター	1	エンマ	3
ジェイムス	0	スティーブン	22
キャシー	0	ラウル	39
カリー	0	カーソン	2
ビリー	0	ダイ	11
ナム	0	リッチ	15
ジュリー	1	キング	41
カール	0	クリスティ	5
教師	368	教師	117
合計	371	合計	343

図6-3 「聞くこと」の経験が話し合いを豊かにする
（Herrenkohl & Guerra 1998 より）

て聞く活動を体験した場合には生徒たちが授業の中で積極的に発言することが多くなっていること、そして、効果的な議論が展開していく発言が多くなっています。

この研究は小学4年生の普通学級で行われたものですが、聞くこと、質問する方法を具体的に体験した教室2の児童たちは、自発的に発言したり、他の子どもの発言にコメントをしたり、質問を出すことが多くなっています。聞くことの方法を具体的に伝えていくことで、協同的学習をより効果的なものにしていったのです（図の中の氏名は一人ひとりの子どもたちの名前です）。

ブラウン、そしてヘレンコールの研究から示唆されることは、話すこと、聞くことを具体的に児童や生徒に体験させることが重要だということです。とかく話すことや聞くことは日常体験していることで、改めて教える必要などないと思うかもしれません。しかし、日常生活の中の会話で話したり聞いたりすることと、授業の中で意見を交わしたり議論をする時のそれとは、求められているものが違うのです。そして、多くの児童・生徒は、特に話し合いの中で、聞くことがきちんとできることがいかに大切であるかを知らないままになっていることが多いのです。聞くこと、適切なコメントを出すことの大切さを教えて、それらに自覚的になることが協同的な学びには必要でしょう。

（3）対話と協同的な学びのためのグループ構成

協同学習を授業で実践する時にしばしば議論になっているのが、効果的なグループ編成です。その時によく問題にされるのが、グループの人数はどの程度が良いかということです。4人でグループを作るのが経験上良いといったことが言われます。あるいは新しいメンバーでグループが作られた時などは、「アイスブレイク」といった表現で、いわば雰囲気作りをすることが必要だとも言われています。中野民夫の『学び合う場のつくり方』（2017）には、協同の学びを促すための実践が紹介されています。このような具体的な方策を知っておくことも大切でしょう。

ヴィゴツキーが「発達の最近接領域」による学習が効果的になってくるグループ構成を論じたものがあります。彼が１９３３年に行った講演内容をまとめた「教授・学習との関連における学齢児の知的発達のダイナミズム」です。そこでは、学業成績に差がある者で構成されたグループの方が、同じような成績の者同士で構成された場合よりも授業の効果があるという結果でした。成績に差がある生徒同士の協同の活動の方が「発達の最近接領域」による効果が出てきたということです。同じレベルの生徒同士の相互作用は、必ずしも効果的な学習になっていなかったのです。この結論はこの後みていく、異質な者同士の間でこそ新しい発想が生まれることと共通しています。異質な生徒たちによる協同の活動が、「発達の最近接領域」を創り出しているのです。それは、先のブラウンが、相互教授法による学習者の創造的なコミュティは違った者の間の相互交渉から生まれるとしたこととつながっています。

4　バフチンの言語論と対話論

協同の学びを考えていく時、この活動の基本にある対話の問題を避けて通ることはできません。ここでは、対話の本質を論じているロシアの言語学者のバフチンの言語論と対話論をみていきます。バフチンはヴィゴツキーと同年代の人で、同じロシアで活躍し、言語の本質を論じた言語哲学者でした。ヴィゴツキーとバフチンは共に言語を日常の生活の中に位置づけ、話し言葉が持っている働きについて論じました。ヴィゴツキーは心理学者でしたから言葉と思考、つまり話すことと考えることのつながりを論じながら人間の精神や意識の生成を問題にしました。他方、バフチンは、言葉は他者との対話の中でこそ本当の姿を捉えることができるとして言語の本質を問題にしました。そして、彼は対話はどのような状況や関係の中で展開されるのかを追究したわけです。

(1) 日常の中の言語 ── 話し言葉と対話

バフチンが言語の研究で持った姿勢は、言語活動はすべて対話のかたちを取っているというものです。言葉は人と人の間の対話的状況の中でのみ存在するということです。そのことをバフチンたちは「言葉の原初的対話性」と言っていました。『言語と文化の記号論』(1929) でも、どんな発話も言語的コミュニケーションの一環であって、発話は、それ自体が話し手と聞き手との相互関係から生まれた所産だとしています。そして、発話・言葉は私と他の人たちとの間に架けられた橋であり、この橋は、一方の端では私によって支えられ、他方の端では私の聞き手によって支えられています。発話・言葉は、話し手と聞き手とが共有する共通の領域だと言うのです。対話的交流こそが、言語の生活圏で見せる真の姿です。

言葉は現実の社会の中で生きたかたちで存在するので、たとえ個人が他者に向けて発する言葉であっても社会的な背景の下で展開されます。そこには、社会的な意味合いが自ずと備わっているのです。バフチンは言葉が社会・文化的なものに制約されていることを、「言葉のジャンル」と「社会的言語」で説明しています。「言葉のジャンル」は、軍隊の号令やお祝いの席でのスピーチ、友人との打ち解けた会話などのように、日常の場面ごとに使い分けられる発話の形式のことです。「社会的言語」は、ある時代の特定の社会階層（職業、世代など）に特有にみられる談話のことで、地域的な方言や専門用語もそこに含まれます（『小説の言葉』、「言葉のジャンル」）。

バフチンが言葉の本質的な特徴としてもう一つ指摘しているものに、「言葉のカテゴリー」があります。他者に向けて出される言葉がどのようなものであるかを述べたものです。バフチンは『小説の言葉』（1975）で、「権威的な言葉」と「内的説得力のある言葉」という、性質が異なった二種類の「言葉のカテゴリー」があることを指摘しています。ここで彼が問題にしているのは、他者から発せられた言葉をどのように受けとめるかということですが、前者は基本的には一方的に自分の考えを主張するモノローグであり、後者は他者と応答し合うかたちで言葉が使われるダイアローグです。「権威的な言葉」の典型は、宗教、政治、道徳上の言葉であり、父親や大人や教師の言葉です。「権威的な言葉」は、一つの言葉の周りに他の言葉を吸収して、人を納得させていきます。バフチンは言います。「権威的な言葉が我々に要求するのは、承認と受容である。だからそれ（権威的なテクスト）に対する態度は無条件の是認か、無条件の拒否のどちらかである」（邦訳 pp.161-162）。「権威的な言葉」は一方的な解釈、押しつけや独善的な解釈に陥りかねないものです。そこでは真の対話関係は生まれないし、対話をする中で新しいものが生まれることも期待できません。

これと異なるのが、「内的説得力のある言葉」です。そこでは対話的な活性化をもたらし、自立した思考と新しい言葉を呼び起こしながら、内部から多くの我々の言葉を組織してきます。「内的説得力のある言葉」の意味構造は完結したものではなく、開かれたものです。「『内的説得力のある言葉』は、自己を対話化する新しいコンテキストの中に置かれるたびに、新しい意味の可能性を余すところなく開示することができる」（同上 p.165）というわけです。「内的説得力のある言葉」は、まさに権威に絡め取られてしまったものではなく、自立した思考と言葉によって、他者と関わる中で新しいものの考え方を生み出していくのです。

教室の中の学びを対話として考えた時、新しい考え方、創造的な活動が生まれてくるこの「内的説得力のある言葉」が不可欠でしょう。教室の中の子どもたちが互いに違った考えを持ち、それを出し合い、揺さぶりをかけていく。ここから真の対話が実現し、新しい発想が期待されます。

もちろん、実際には教室では、多様な意見の交流などは「夢のまた夢」の話だと言われるかもし

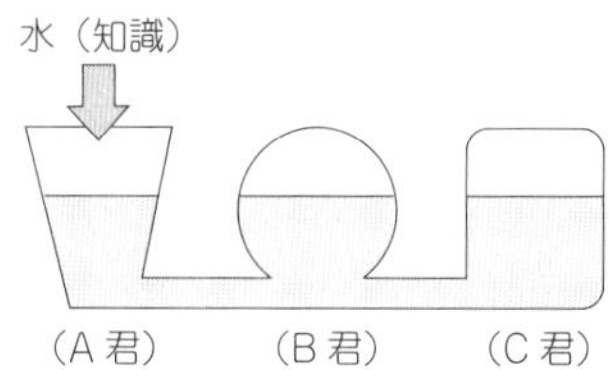

図 6-4　導管メタファー ── 伝達重視の授業観

れません。それほど学校ではモノローグ的発話が蔓延し、問題はもっと深刻なのかもしれないのです。しかし、自分と異なる他者と出会い、そして関わることで何かが生まれてくるのも教室であり、それを作ることができるのも教室でしょう。

バフチンの考えをより分かりやすく説明したものに、ロットマンの「テクストの機能的二重性」があります。発話も含めてテクストという言語情報には、意味を適切に通達するということと、新しい意味を生成するという二つの機能があることを言ったものです。大事なのは、後者の新しい意味を生み出していく発話です。この新しい意味を生成するという考えは、外からの情報を「器」に中に入れ込むという、いわば「教え込み」の教育観ではなく、むしろ「器」という頭の中で新しいものが生まれてくるものを重視する教育というメッセージが込められています。それはちょうど、次の図6-4の「導管メタファー」で示されているような、生徒が皆同じ考え方や知識を形成することを重視して知識の伝達だけを考える教育観とは対極にあるものです。私たちはこの「導管メタファー」のような発想から脱却しなければならないでしょう。

シカゴ大学の教授として長い間アメリカの学生を指導してきた経験か

ら、山口一男が日米の比較教育を論じたものがあります。『ダイバーシティ』（2008）という本です。タイトルから予想されるように、アメリカには個性を尊重し、一貫して個の信念を持つことが大切であるという教育信念があるという指摘です。アメリカでは幼児教育から始まって、学校教育では自分の意見や考えを述べることが重視されています。たとえば幼稚園では、昨日の出来事を皆の前で話すことや、小学校でもスピーチコンテストで自分が調べたことをうまくプレゼンテーションすることが行事の中に位置づけられています。ですから、山口は、アメリカの教育と比べて日本の場合は学校教育で個性を伸ばすとか、創造性を育てることができているのだろうかと危惧するわけです。もちろん、アメリカの教育がすべてうまくいっているのかというと課題もあるわけです。自分の意見を言うことは得意でも、どこまで他人の意見を聞くことができているのか、疑問なところもあります。日本では逆に、他人の意見をきちんと聞くことができるのかもしれません。ですから、そこに自分の意見をきちんと発言していくことが加わると、理想的な対話する力が育っていくことが期待できるわけです。

新しい学習指導要領でめざしている方向も、このような理想の目標に向かって進むことなのかもしれませんが、まずは対話についての正しい思想を持ちたいものです。

（2）対話活動と対話関係

言葉は他者との対話の中で互いの考え方を知り、また刺激し合いながら、自分では気づかなかった新しい発想に出会う機会を作ってくれます。教室の中の対話とは、そういうものでなければならないのです。それでは、このような創造的な対話が生まれる対話空間はどのようなものでしょうか。ここでも、バフチンの考えを取り上げてみます。

対話はどのような場でも展開され、また対話的交流も可能なのでしょうか。たしかに、それは可能だし、そうあるべきなのかもしれません。ですが、本当の対話的交流はどこでも可能だということではないのです。私たちは、ある特定の人とは話をする気にもならないことがあるのです。そこには対話する相手との関係、いわゆる対話関係の問題があります。バフチンは、対話活動と対話関係とは別のもので、両者は区別しなければならないと、私たちに注意を喚起しています。

バフチンは、対話の基本的な働きは対話する者同士の間で相互触発し合うことで、時には自己の考えを見直し、新しい考えを創造していくことを可能にするものであるとしました。それを可能にするのは、異なった人格を持った者同士が他者の言葉に耳を傾け、その言葉に信頼を寄せ合う関係が作られていることによります。そうなると、この対話関係というのは、言語を構成している要素や言葉の内容には還元できないものになります。むしろ、それは言語ではなく、対話をする者の人格に属することです。対話関係は人格を持った者同士と、その間で起きていることです。

バフチンにとって対話関係が対話の本質にあるもので、対話関係抜きに対話を論じることなどできないのです。彼が対話関係を直接論じているのが『ドストエフスキーの詩学』（1963）の第5章「ドストエフスキーの言葉」と、『ことば対話テキスト』に収められた二つの論文、「テキストの問題」（1959-61）、「ドストエフスキー論の改稿によせて」（1961）です。彼は『ドストエフスキーの詩学』では、複数のところで対話関係を論じています。バフチンがドストエフスキーの小説を熱心に論じるのは、同じロシアの小説家であるといった理由からだけではなく、ドストエフスキーは小説のかたちで、人間の生の活動である声にある対話性やポリフォニー性を展開しているからです。ドストエフスキーの小説は対話と対話関係を具体的に論じることができるものだったのです。バフチンは「ドストエフスキーの小説は壮大に展開された対話」（同上邦訳 p.66）だと言うのです。

ドストエフスキーの代表作の一つである『罪と罰』を例に考えてみましょう。主人公のラスコーリニコフは質屋の女主人・アリョーナを殺害してしまいます。彼にとっては、人の不幸を逆手にとって生きていくような人間はこの世に存在する意味がないといった信念の下に犯行に及んだのです。ですが、たまたま殺害を見てしまったアリョーナの義理の妹のルザヴェータも殺してしまいます。この事件の犯人として、この日、たまたま家の修繕をしていた大工職人が捕まります。ラスコーリニコフは、自分の殺害の信念と価値の揺らぎの狭間で葛藤を起こし始めます。真犯人を捜そうとする予審判事のポルフィーリはラスコーリニコフに当たりをつけて、接近を計り、探りを入れていきます。ですが、ここでラスコーリニコフの心を動かし、自首する行動へと向かわせたのは、恋人予審判事の理詰めの言葉ではありませんでした。ラスコーリニコフの心に深く届いたのは、恋人ソーニャの言葉でした。ソーニャは家族のために自分を犠牲にした生活をしていました。「自首して罪を償うべきだ」という恋人ソーニャの言葉こそが、ラスコーリニコフの心に届くことができたのです。ラスコーリニコフの心の中の葛藤を解決できたのです。『罪と罰』にはさまざまなテーマが込められていますが、「誰にとっての誰の言葉なのか」という、まさに対話関係の本質をこの小説は言いあてています。

もう一つが、ドストエフスキーの小説で最も知られている『カラマーゾフの兄弟』です。作中で、父親のフョードルを誰が殺したのかをめぐって、兄弟間で議論する場面があります。殺害の動機からいって長男のドミートリーが疑われ、実際に彼が犯人とされます。実際は次男のイワンが下男で従兄弟のスメルジャコフを使って殺害をさせたのですが、このイワンに向かって三男のアリョーシャは「やったのは兄さん、あなたじゃない」と言うのです。この言葉はイワンの急所を衝いたもので、心の底に突き刺さるものだったのです。まさに人格の底の部分で揺らぎを起こすものでした。言葉はまさに対話関係の中で、重大な力を与えます。それは人格と意識へと届くものです。この小説のエピローグでは、アリョーシャの言葉を通して人の心を動かすものは何であるのかが語られています。

対話関係を成り立たせているものについて、バフチンは「テキストの問題」(1959-61)で詳細な論を展開していますが、それは次の二つです。一つは、主体的な表現による発話であり、そこには対話者同士の間で議論への関心が存在するというものです。この対話する者の間の議論は、何も現実に起きている対話に限定したものではなく、時間と空間が隔たっている場合であっても共通の議論と問題の関心がある場合には対話的関係が生まれます。

もう一つは、一致をめざそうとする努力です。ここで言う「一致」は、安易な同意や賛同ではありません。声と声をぶつけ、重ねた結果から生まれる「一致」です。バフチンは「一致」は、対話的関係の最も重要な形式の一つであると述べています。対話関係は、矛盾、闘争、論争、不一致ではなく、「一致」をめざす活動の中で生まれてきます。そして、この「一致」には実にさまざまなヴァリエーション、ニュアンスがあります。あらゆる点で同一な二つの発話（「すばらしい天気だ！」）も、それが現実に同じ声でなく別々の声に属する二つの発話であるかぎり、一致という対話的な関係で結びついていきます。それは二つの発話がつくりだす対話的出来事であり、こだまではありません。というのは、「すばらしい天気だ！」と言った言葉の裏には「いや、そんなにいい天気じゃない」といった意味が込められていることもあるからです。このように、対話的関係は、狭い意味での対話の言葉よりもはるかに広いということになります。

（3）対話関係を作り、支えるもの

対話関係と深く関わっている発話の要因に、「発話が持っている表情」があります。言葉が発話となって発せられた時、そこには話者の感情が込められてきます。バフチンが「言葉のジャンル」（1952-53）の中で、表情の要因として取り上げているのはイントネーションです。表情豊かなイントネーションが、発話の本質的な特徴であり、話し言葉ではそれがはっきりと感じ取られるからです。しかも、イントネーションを伴った言葉は、それは語ではなく、それだけで完結した発話に

なっています。話された言葉が文字として書き下ろされた時にはこういう発話の表情は消え、中立的なものになってしまっています。発話のイントネーションは、完結した発話であり、具体的な意味内容を持った発話です。発話のイントネーションは個人の言葉に対する評価を込めたものとなって表れています。言葉のニュアンスは個人の人格表現でもあります。これこそが、対話をする者同士の原点にあるものです。

バフチンは、具体的な発話状況の中で言葉の意味は生成され、共有され、そして意味のずれを起こしてくると指摘しています。言葉はしばしば、それを発している当事者がどのような状況や文脈の中で何を言いたいのかによって、その意味していることにずれがあったりします。たとえば、バフチンもそしてヴィゴツキーも共通に用いている例として、ドストエフスキーの『作家の日記』の中に登場してくる有名な場面があります。6人の酒に酔った工員たちが15歩ほど一緒に並んで歩かなければならない状態になってしまった時のことを「日記」のかたちで表したものです。彼らは文字に書き起こすと同じある名詞を口にして口論を始めたのですが、この同じ名詞、あからさまに口にすることが憚られる言葉をそれぞれ違ったイントネーションで用い、違った意味を表現したのです。この場合、一つの言葉がある共通の対象を指示してはいるのですが、そこではまったく異なった意味を帯びたものとして用いられています。だからこの言葉で言いたいことは、それぞれが発話の中で特有のイントネーションを使うことで実現されています。この発話の意味を評価するためには、どのようなイントネーションの下でこれが発せられたかを考えなければならないのです。バフチンが「評価的アクセント」と言っているものです。

そこでは、対話し合うものの間での共感性や他者の意見や発言を認め合う、あるいは一時的に反発し合うという感情が生まれてきます。言葉とそれによる相互作用は、単なるメッセージ情報以上のものをもたらしているのです。そして、この共振する感情が相互作用し合う「関係」というものを形成していきます。言葉のニュアンス、アクセント、あるいは言葉の間合い、時には方言などによる独特の言い回し、こういったものは、対話する者同士の関係の中で重要な役割と意味を果たしていきます。

対話性や対話関係は共感し合う関係があり、そして翻って、対話関係が言葉による共感を作り出してくれるということです。対話性の基礎には共感し合うこと、そして共感能力があることを見失ってはいけないでしょう。

幾分、難しい話が続いたかもしれません。そして、教室の中で起きている対話をこんなに複雑なものとしてみていくことなどできないと訝るかもしれません。ですが、年齢に関係なく、多かれ少なかれ、人が対話を営んでいく中ではこのようなことが起きているのではないでしょうか。そして対話をみていく姿勢をバフチンのメッセージから学んでみてはいかがでしょうか。

ロシアの作家のトルストイが、私たちの生き方のヒントになるような名言を残しています。『人生の道』(1910)の中の「言葉」の冒頭の文章です。「言葉は思想の表現であって、人と人とを結びつける上にも、引き離す上にも仕え得る。したがって、言葉に対しては、慎重の態度をもってしなければならない」（下巻邦訳 p.101）。

第7章　教育における表現活動とその重要性 ——木村素衛の教育論

この章では、自分の考えをまとめ、表現していく活動を教育の中に位置づけた木村素衛の表現行為論と教育論をみていきます。新しい学習指導要領でめざされているアクティブ・ラーニングは主体的で、対話的な学びの活動を重視するものです。それは自分の考えを外に向けて表現することでもあります。新しい学習指導要領の考えを学校教育の中で真に実り多いものにしていくためには、表現の活動の本質にあることを議論することが必要でしょう。ですが、アクティブ・ラーニングでは、表現活動について十分に議論されてきているとは言えません。

子どもたち自らが考え、そしてこの考えをまとめ、表現していくことを教育論として論じた木村素衛の今日的意味を探っていきます。

1　木村素衞の教育愛

（1）木村素衞の教育現場との深い結びつき

ここでは、はじめに木村素衞が教育としてめざすべきものは表現する活動であるとして論じた「教育愛」の考えをみていきます。木村は西田幾多郎に師事した哲学者で、美学を専門にしていました。彼の代表作は『表現愛』（1939）や『形成的自覚』（1941）、そして『国家における文化と教育』（1946）といった、表現行為や表現形成を哲学的人間学の問題として論じたものです。

木村は哲学者から教育の世界へと進んでいきました。そして、学校現場の教師たちと深く関わり、独自の教育学を追究しました。そして表現行為を教育の中にしっかりと位置づけていくことが人間のあるべき姿を実現していく道だとしました。そこには教育の本質とは何であるかを問い続けてきた木村の哲学者として、そして教育学者としての姿があります。木村素衞については、最近のものでは村瀬（2001）、小田部（2010）、大西（2011）、そして門前（2019）の著作があります。

木村は、最初は美学の分野で独自の表現行為論を展開し、またドイツ観念論哲学のフィヒテの研究者でしたが、出身大学である京都帝国大学に教育学の担当者が不在であるということで、請われて1939年から教育学教授法講座を担うことになります。専門が違っても、彼にとっては表現行為の問題を教育の実践の場で考えていけるとして、方向転換をしたわけです。実際、彼は信州を中心にした現場教師のための講演を亡くなるまでの20年間、１００か所で行っています。ですから、木村は紛れもなく哲学の世界から教育の世界へ、そして学校教育の現場へと深く入っていった人物でした。

そして、木村と現場とのつながりは最後まで続きます。彼は51歳になる直前に風邪を悪化させて急死しますが、それは現場教師に講演をするために信州・上田に出かけた時でした。彼が亡くなってからも信州の教育関係者は木村教育学を大切にして、彼の教育の思想を受け継いでいます。(注1)

(2) 教育愛とは

木村の言う教育愛の「愛」はどういう意味でしょうか。彼の考え方の代名詞ともなっている表現愛でも、「愛」という言葉が使われています。彼は教育愛についても、そして表現愛でも、明確な定義等はしていません。ただ、彼が「愛」という言葉に込めていることを簡単に言えば、教育愛とは、教育という営みの本質にあることであり、それを実現していくということです。そして、表現愛というのは、表現的行為によって自己と、そして文化と歴史を形成していくという表現の営みの本質のことです。そうすると、結局は、教育と表現行為で言えば、これらの根本原理にあるものを「愛」として大切にし、それを実現することをめざすということでしょう。

それでは、木村は教育の本質をどのように考えたのでしょうか。木村が教育についてはじめて語っているのが「教育哲学に対する基礎と展望」(1937) です (『教育と人間』所収)。木村が述べていることを簡単に述べると、人間が持っている基本的な価値と目標というのは、文化形成であり、それを実現していくものが人間の表現する行為だということです。そして、ここから教育のことが加わってくるのですが、表現へと向かうことは歴史と文化を生成すると同時に、自己を形成することでもあるとしました。何かを表現するという活動は自分を囲んでいる歴史と文化を作っていくことであり、そこに生きている人間が文化の形成を通して文化的自己になるとしたのです。木村は人間と教育の問題を論じる時にも単に個人レベルでそれを考えるのではなく、歴史と文化の中で生きる人間という普遍的な視点から捉えていました。

それでもまだ、自己の形成はどのように可能になるのかは、このままでは明らかではありません。もう少し、自己の形成に教育がどのような役割をしているのかをみていかなければなりません。このことの手がかりになるのが、木村の「一打の鑿」(1939)です。これは題名が示しているように、彫刻家がモノを制作することを例にして表現活動で起きていることを述べたものです。この論文の内容をみていきましょう。

彫刻家は素材である石を前にして鑿を当てるその瞬間、物質対象である石から表現することを促すものを感じます。そして、この促しを感じながら彫刻家が鑿を振り下ろそうとするその瞬間、どこに鑿を当てようかと迷い、思い巡らしながら「一つの見定め」をすると言うのです。木村が一打の鑿は「一つの見定め」であると言っているのは、彫刻家はどこに鑿を当てていこうか、その確たる考えや計画を持たないで、素材と対話するということです。彫刻家は鑿で刻む前までは、自分が何を表現しようとするか、その考えを自己の中にはっきりと持っているわけではないのです。そして一打を振り下ろして石を刻み始め、石と対話していくことで、表現者の自己、つまりどのように形を掘り出していくかが具体的になっていくのです。木村が強調しているのは、表現する者の中に表現したいという感性的なもの、内的直観はたしかにあるのですが、それを具体的なものにしていくのは素材である石からの誘いと、それを感じることなのです。内的直観をどんなに高めたとしても、内的なものであることから脱することはできないということです。それが外に表れるためには、内的なものから飛躍していくことが必要なのです。

人間は自らの手で物質そのものを生産することはできません。そういう有限性、つまり限界を人は持っているのですが、このことを、木村は次のように言います。「人間の表現作用は、自己を捨てて他者である外なる存在に自己を刻み込むことによってはじめて自己の具体的な真の姿を見ることができる。鑿の一打は、内と外、主観と客観、観念と物質との無底のクレヴァスを飛躍的に総合する表現の実践にほかならない」（p.158. 文章を一部変えています）。私たちは自己とは何かを確かにするために、自己の外にあるもう一つの闇に向かって出ていくのです。自己の外にいる他者、そしてモノと関わることは、自己の内的なものをはっきりとさせていく作業です。ですから先の文に続けて、木村は次のようにも言うのです。「内から外へのいわば飛躍的連続としての表現は、見る自己の真実の姿を自己自身に対して顕わにするものであり、自己を形成することで自己を見るということが真に具体的な自覚にほかならない。そうであるなら、一打の鑿はまさしく表現的自覚の行いそのものであろう」（同ページ）。

これが表現行為と自己形成の基本にあることだと木村は言います。そしてこのような彫刻家が大理石に向かって形を作っていくことにみられる形成活動と教育は同じなのだろうかと問うのです。そこに共通するところと違いがあると木村は言います。芸術創造と人を育てることをあえて比べることで、教育の営みが持っている意味がはっきりしてきます。

たしかに、芸術家の制作も決してその人が持っている創造性によるだけでなく、素材から感じ取られる「誘いこみ」や「呼びかけ」を受けながら起きています。教育の場合も、指導者は学ぼうとする者からの反応を受けながら実現しているという意味では、共通するところがあります。ですが、ここで木村は、彫刻家が素材である石材等に鑿を打って作品を作り出していくのとは違って、教育の場合は人をモノのように作ることはできないと言います。生徒は教師からの影響を受けながらも、ただそれを受け身的に受け取っているだけでなく、自らが成長・変化をしていく者としてあるということです。木村は、教育という営みは他人から受ける影響と自己開発とが同時に起きていると言います。学ぶ者の中に自己の成長と完成をめざすものがあることが前提で教育の営みがあること、ここに彫刻家と素材の石との間で起きていることとの根本的な違いがあるわけです。

木村にとって教育の営みは、人間性として持つべき価値を自覚しながら、この価値を実現、形成していくことであり、教えることは学ぶ者の自己開発を促すことにほかならないのです。

それでは、彼は教育の具体的な方法をどのように考えたのでしょうか。「教育哲学に対する基礎と展望」の最後のところでは、もちろん受動的な注入教育はもっての外だが、ただ内面的な積極性を観念的に教え、そこから自己活動へと向かうだろうという希望を持つだけでは不十分であると言います。そこで、彼は自分の身体を使った形成的な表現活動として、モノを作っていく「労作教育」が大切になるとします。彼は、人は作ることにおいて生きるものであるが故に、作ることにおいてのみ真に具体的に学ぶものであるとも述べています（p.176）。木村は表現行為論の立場から、学習者自らが表現する活動を通して自己を学び、自己の開発になっていくという発想で教育を考えています。外に向けて表現することが、内にある自己を作っていくということです。

（3）木村教育学の視座――成長することと同時にそのままとどまること

木村が教育について語っていることで、もう一つ重要な指摘があります。私たちは教育によって人間は限りなく成長を続けるのであり、教育で完成をめざそうという価値観を無意識に持ってしまっているということです。ですから、学ぶ者にもそのことを期待してしまいます。木村は、この考え方で教育を論じることは正しいことなのかと疑問を出します。実はこれが、木村の「教育愛」に含まれているもう一つの大切な視点です。「教育愛に就いて――エロスとアガペ」（1938）です。

エロスとアガペはギリシャ神話の中の二人の人物ですが、木村はこの二人を使いながら、二つの異なった人間性とその価値を指摘します。エロスは善いもの、望ましいものをめざして作り出すことを自己の理想とし、その実現をめざそうとする人間です。たしかに私たちも人間として向上して

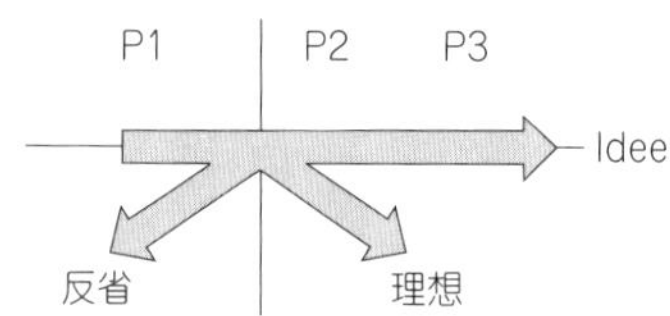

図 7-1　エロスの無限の進行

いくことに価値を置き、その目標に向かって進もうとします。エロスは人間性の本質にある一つです。人間は何事かを表現し、何かを形成していくことで自己の生を実現しているわけです。もちろん、時には、私たちはこの意志的行為が妨げられてしまうのですが、それを乗り越えていこうとします。そもそもこのような意志を持たなければならないのです。

エロスは、イデーという言葉で表現される、人間性の理念としてあるものを実現し続けようとします。このことを木村は図7-1のように示しています。ある時点で理想をめざし、反省をしながら次の段階に向かっていこうとします。そして到達した点を足がかりにしながら、さらに次の段階へと進み続けていきます。

これが私たち人間の生の活動であり、文化の進展の仕方です。これがエロス的立場であり、またその価値観です。木村は次のようにまとめています。「エロス的立場は無限に我々が完全なる人間性のイデーの実現を求めて行くところに成立するのであって、即ち無限に発展する理想主義的な立場をそれは意味する」(p.51)。

しかし、木村はこのような無限に発展をしていくことを求めるエロス的立場だけが人間の生の現実ではないと言います。木村は、彼自身が好んで

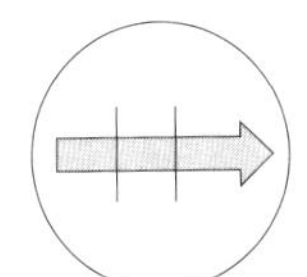

図 7-2　アガペ的な「場所の不動性」

描いている絵を例にしながら述べていきます。「植物の葉を描くために一本の線を引いた。だが、それに満足しないで訂正して別の線を描いた。訂正した方がその前のものより良くなっていると思うかもしれない。そこに進歩を感じるからである。だが、この前と後の二つの絵のどちらが優劣なのかと判断できるのだろうか。実は前の方が良かったのかもしれないし、進歩をしたと自分が思って描き直したものにも何も進歩などなかったのかもしれない」（p.57）。このように言います。

　私たちは同じところをグルグル回っているだけであって、発展しないでそのままでいることももう一つの現実、もう一つの価値観としてあるということです。木村はこのことをアガペという、もう一人の人物の姿で説明します。アガペの基本的な性格は「無動機性」というものです。もっと簡単に言うと、取り立てて新しいことをしないで、ありのままで生きていくことに価値を置くということです。

　私たちはいつも現在の不完全性、有限性を脱却することができないという悩みを運命的に担っているのですが、これとは違った価値へと開いてくれるのがアガペの立場です。先のエロス的な考えと違って、アガペ的立場では一つの場所にとどまること、進まないこと（図7-2では円の中にとどまっている）の大切さを示しています。

木村はエロスにアガペ的なものが加わることが必要なことを、具体的な例で説明します。彼の表現行為論では欠かせない「ミケルアンヂェロの回心」（1938）です。ミケランジェロはルネサンス期の芸術を代表する彫刻家で、多くの優れた作品を制作し、まさに天才的な偉業を成し遂げたと称賛されました。ですが、彼の中には、自分の仕事がどういう意味を持っているのか、芸術としての普遍的な価値や意味にどこまで到達したのかという深い問いと苦難を抱えていたのではないか、このように木村は言います。ミケランジェロの中にある闇と苦悩という、作品創造の苦悩とは別のものがあったのではないだろうかと問うのです。芸術の制作には、個性に関わるポイエシス（制作）という部分だけではない、社会的な視点が加わったプラクシスも求められるのですが、天才芸術家ミケランジェロはポイエシス的には個人的な成功の域にあることを感じながらも、歴史的、社会・文化的な共同性の視点からみたプラクシスの深い淵にあるものを覗き込んでしまったのです。しかも、この深い問いを自らが解いていくという、不可能な、孤独な作業が待っていたのでした。ここにミケランジェロの苦悩があったのです。

ミケランジェロが味わったような苦悩を回避することができる方法があります。それは、教育という営みの中で他者と関わり、自己を他者の視点から見直していくということです。教育とは個人の表現やそこに表された考え方の意味をもう一度大きな他者という社会的な視点から見直していくことであり、それがまさに、不完全でも良い、理想を求めないで、そのままの状態で良いという、アガペ的な側面としてなされることです。だから教育の中心にあるのは、エロスにアガペを加えていくことなのです。これを人間性のもう一つの価値としていこうということです。

教育でも絶えず成長していくことを求めるのではなく、今のままで良い、変わらなくて構わないという姿勢を教育者が持つことが大切だということでしょう。木村はこのアガペ的立場を前提にして、エロス的活動が意味を持ってくると言います。要するに、エロス的立場、つまりエロス的愛だけでなく、ここにもう一つのアガペ的愛を加えていくことによって正しい教育の営みと教育の本質、教育愛が可能になってくるのです。

木村教育学を象徴する「教育愛」は、その後も『教育学の根本問題』（1947）、『国家に於ける文化と教育』（1946）の中で繰り返し取り上げられています。

『教育学の根本問題』では、表現愛と教育愛とは共に人間の本質を述べたものであり、どちらも必要だと言います。二つは互いの中に内包する関係になっているとしますが、それはどういうことなのでしょうか。

表現愛の端的な考えを芸術活動にみることができます。木村の言う表現行為の具体的な姿です。芸術活動は芸術的価値を志向するエロス的活動であり、価値を実現し、完成をめざすものです。芸術として作品に仕上がったものは、作品として価値が生まれてきます。ですが、これとは別に、美の表現としてそれがどこまで実現しているかとなると、作る側からするといつも永遠に未完成ということがあります。作品を創るという表現活動は、終わりも完全もないのです。そこにはエロス的なものとアガペ的なものが結びついていて、エロス的立場は自分の限界を知ることによってアガペ的な立場に立たざるを得なくなります。エロス的なものでは到達できない世界があることを自覚することが必要であり、ここから一層深くエロスの本性を知ることになるのです。

このように、エロスがなければアガペはないのです。表現的生命が本来、理念の完全な実現を要求するものであるなら、その実現はエロスの立場では遂げられないのです。それはアガペによってはじめて充たされます。しかもアガペはエロスを媒介としなければ成り立ちません。エロスから出発しても、アガペから出発しても、結局はエロスとアガペとは各々相互媒介することによって動的に連関しているのです（pp.48–49）。

エロス的な完成をめざす表現愛も、そこにアガペ的な教育愛があって初めて成り立ちます。これが、木村の指摘する表現愛と教育愛との包摂的関係です。教育の中では指導者は学ぶ者により高い目標へと到達することを希望します。このことで児童・生徒は表現的自己を形成していこうとするわけです。エロス的な表現愛です。ですが、同時に指導者に、学ぶ者が味わう挫折と不完全さを受け入れ、それを認めていくアガペ的な教育愛がなければ、学ぶ者は成長していくことはありません。教育者は表現愛と教育愛の二つを自覚的に持っていなければならない、このように木村は言います。

『教育学の根本問題』の巻末には、付録として「教育愛」という題名の論文が収められています。「教育愛」の冒頭では、教育愛という言葉で木村が称している教育の本質は、教師と子どもという二つの生命、つまり活動がまさに切っても切れない関係の中で展開されることにあり、いわば相互規定的なもの、まさに統一的生命としてそれはあるとします。それは「二にして一であり」、ここから統一的な生命が作られてくるのです。このような関係性の中で教育という営みは行われるべきものだと言います。「教育愛」の論文は、木村の没後20年を経た年に信州の教育関係者が彼の主要な論文をまとめた『表現愛と教育愛』（1965）にも再録されています。(注2)

（4）『国家に於ける文化と教育』にみる木村教育学

木村教育学を考える時、その集大成とも言える『国家に於ける文化と教育』（1946）を取り上げなければなりません。ただ、この著書のすべてを詳細に論じることは紙数の関係でできませんので、教育の問題を中心にみていくことにします。

木村は文化と歴史を作っていく一翼を担っているのは、一人ひとりの主体的な表現行為であると考えます。ですから、個のレベルで実現される形成的自己は、個を超えた普遍的な文化を形成していくことになります。もちろん、人は外にある文化的なものに支えられ、いわばそれを媒介にしていくことで表現活動を進めることが可能になっています。そこでは文化という「表現的外にあるもの」と、主体内部にある「表現的内にあるもの」とは切り離されることなく進んでいきます。木村は、人は自己の内にあるものを形あるものにして外に向けて表現することで自己が成立する、表現的自己が可能になっていることを繰り返し述べています。そのことで彼が注意を促しているのは、人が表現しようとする「自覚」を持つだけでは不十分だということです。そこで必要になるのは具体的な表現的活動であり、これがあってはじめて自覚が可能になってくるのです。表現を活動レベルで考えた時、必然的に自己の外との間の連関が出てこなければなりません。自分を取り巻いている社会的、文化的なものとの関わりです。彼が強調する外からの「呼びかけ」と、それに主体が「呼応」していくことです。

ここに教育が果たしている一つの役割があります。それは、表現的自覚を持った主体的な人間を形成するという仕事です。文化創造者としての人間を育てることが教育の大切な働きであり、その意味では木村が言うように、文化の根底にあり、それを支えているのが教育です。

木村は主体の創造的な活動を支える文化・歴史的なものを抽象的なかたちで論じてはいません。彼は文化と教育との関係を考える時に、授業で使われる教材にこの主体と客体とを媒介していく役割を位置づけています。表現されたもの、作られたものとしての教材が、教師と生徒の間で展開されている活動（教育的交渉）を媒介しています。ですから、教材は何かを作っていく材料という素材以上の意味が込められているのです。教材は表現的自覚性を人間の本性である生命的活動へと教育的に高め上げるための客観的な媒介になっているのです。教材は外側にあって主体を支えるものであり、同時に外的対象にもなっているのです。木村は教育の中で使われる教材にこのような位置づけをします。ここから改めて教材が果たしている本来的な意味を確認できるのですが、文化と文化的創造をする主体との間を結ぶものとして教材があるということです。

2　木村教育学の基礎にあるもの——形成的表現者と形成的自覚

木村教育学の中核をなしている形成的表現と形成的自覚についてみていきます。ここで取り上げるのは『教育と人間』の中の「教育の本質について」（1939）と『形成的自覚』（1941）の二つです。木村は、教育の基本的な仕事は自分の考えをきちんと表現していける人間、つまり自覚的な形成的表現者に育てていくことだと言います。

新しい学習指導要領でめざしている主体的な学びは何をめざしたものであるべきなのか、それは木村からすると自分の考えをしっかりと外に向けて表現していく人間になっていくことなのです。

(1) 人間学としての教育学

はじめに、木村の死後、遺稿集として編まれた『教育と人間』（1948）に収められた「教育の本質について」をみましょう。木村は教育を論じるにあたって、人間の本質にあるものが何であるのかを正しく捉えなければならないと言います。彼は、教育学は人間学でなければならないと言うのですが、ここで言う人間学とは人間を歴史的、社会的な存在としてみるということであり、人間になるとはこの歴史と社会、文化の一端を形成していく形成者となっていくことです。

人間は、単に物を作っていく工作者としてだけでなく、外の世界に向けて表現していくことによって内にある主観をも同時に作っていく、つまり自己の形成も同時に行っています。まさに主体の形成であり、成長です。木村はこのことを、「自覚的な形成的表現者」になることだと言います。自覚的であるということは意識して実行していくことであり、自分が行っていることがはたして人間の存在としてふさわしいかを反省的にみていくことです。教育は、これらの自覚的な活動を支えていくことにその役割を持つわけです。

そして、木村は教育の具体的な活動として個性を持った人間に育てることを重視します。人間の本質として、自己は他者と共になければならないのですが、同時に、人が存在するということは他者との関係の中で一つにまとめてしまうことができない個別性、つまり個性を持った者でもあるということです。人間は他者との関係を持ちつつ、他者と同じにはならない個別性を持っているのです。それはあらゆる場面、状況で当てはまることです。

指導者と学ぶ者、そして、生徒同士の間でも、いつもこの違う者同士が関係を持ち続けなければならないのです。このことがあるから、両者の中では互いの個性が媒介し合うことになります。これを木村は「個的媒介」(p.28) と称していました。ただ違いだけが存在するのではなく、この「個的媒介」を経て、個別を超えたところにある普遍的意味を知ることになります。これが「普遍的媒介」です。それは「個的媒介」を通して辿りつくものです。

教育の場でこのことを考えてみると、生徒たちは異なった考え方、ものの見方がそれぞれあることで自覚することができ、そのことを経て、共通項という普遍的な意味に到達していけるのです。

はじめから教育として普遍的な意味を与えてはいけないのです。個別があって普遍が出てくる、そして普遍があって個別に気づくということです。

このように、木村が強調するのは、人間は他者という違ったものの考え方を持っている者同士が関わる社会的存在であり、そのことから個人という者の存在と、その個人独自の個性というものが担保されてきます。ここには、教育を考えていくうえでの基本的な視座があります。そして、このような木村の考え方と呼応しているのが、本書の第６章「対話的で協同的な学びをめざして」で取り上げた、長谷川宏の『ことばへの道』の発言です。長谷川も、教室の発言として個別的なものも共同性一般性があるから個別性を個別性として対象化することが可能になると指摘していました。

(2) 形成的自覚

『形成的自覚』(1941) は、木村が教育学の課題を具体的に論じたものです。彼は教育学がめざすべきものは、表現的形成を展開することを通して自己を形成していくことを自覚するような人間を育てていくことだとしています。ここに他の教育学にはない木村教育学の独自性があります。この『形成的自覚』には12の論文が収められていますが、ここでは教育の課題と方法に関係するものに限ってみていきます。

「文化の本質と教育の本質」では、教育として何を人間に教えるべきなのかという問題を扱っています。具体的には、彼は人が教養や知識を持つとはどういうことかを改めて問います。常識では、たくさんのことを知っている人のことを教養人と言います。ですが、人はこの種の知識を持っているだけではだめで、新しいものを作り出すという実践的な形成に向かうこと、あるいはそのような自覚を持つことが本来の知性を持った人間だと木村は言います。教育もこういう人間を作ることにほかならないことになります。「自ら人間性を開発し実現することのできるような実践的人間を作ること、それが教育の本来の仕事でなければならない」(pp.5–6)。これが木村のめざすべき教育の本来の目標ということです。

前の節で論じたように、木村は、教材は教える者と教えられる者とを媒介する働きをしていることを述べていました。この論文では、木村は教材について注意をしておくべき点を指摘しています。それは、教材を固定的に考えてしまう危険性についてです。教材が時には伝統的なものを押し付けてしまう可能性があるということです。よく考えると伝統などというものはなくて、あくまでもそれは具体的な現在を形作る一契機であって、過去のものは現在の中で新しく生まれてくるものなのです。そうなると、それは教育の中で教材をどう使うか、その使い方が問われることになります。

(3) 形成的表現

最後に「哲学すること」をみていきます。ここで、木村は人間の本質とは何であるかを論じています。それは教育がめざすべきものを確認していくことでもあります。彼はここで身体的行為に注目します。

人間的存在として基本にあるのは何かというと、人間が環境を持っているということ、そしていつも環境と関わりを持っているということです。人間にとっての環境は文化です。人間はこの文化を形成し、またそれに支えられている存在です。そして、主体である人間は身体を通して環境と相即的に関わっているのです。身体は主体と環境の対象とを媒介し、二つの間の通路として機能しています。主体の実現、すなわち形成的表現は、身体を通して現実的に可能になるわけです。木村は身体を次のように言います。「身体は実現の道具であり、主体と対象界とを実在的に媒介する通路として自然の内に喰い入っている主体の尖端として、いわば主体の手先であり、主体がそれをとおして自然から限定を受ける契機であると同時にまた自然を主体的に限定すべくそこに差し込まれた主体の槓桿である」（p.98）。

人間存在の問題を身体的行為とそれに媒介された形成的表現として論じたところに、木村教育学のユニークさがあります。木村の教育学がめざしたことは、外に向けて自己にあるものを表現すること、そして身体表現を重視する教育を一層豊かなものにしていくということでしょう。それは何はともあれ、主体的な学び手を育てていく道になるのではないでしょうか。

3　木村素衞の表現行為論——行為と身体、そして道具

これまで木村の教育論を取り上げてきましたが、木村の教育愛、そして表現愛の考えの基礎に

なっている表現行為論をみていかなければなりません。彼の主著である『表現愛』に収められている「身体と精神」（1939）で確認します。人間の本質は、内的なものである自己、そして外的な歴史・文化的なものの二つを形成していく形成的表現にあるという考えです。もう一つは、人間は外部世界と身体と道具を通して関わっており、まさに身体こそが人間の内的世界と外部世界とを媒介するものになっているということです。

木村は表現行為としての芸術創造の問題を表現論として論じながら、さらに人間存在の基礎として、形成的表現活動から自己が生成されていくという形成的自覚の問題へと、その視野を広げていきました。ここでは彼の精神と身体、そして道具に注目してみます。

（1）木村素衞の表現行為論

木村が表現行為論を言う出発にあったのはフィヒテについての研究でした。木村は美学の研究者としてドイツ観念論の代表者の一人でもあるヨハン・ゴットリープ・フィヒテを研究していました。木村がフィヒテから学んだのは表現として行為を重視する考えでした。フィヒテはドイツ観念論の中心的な問題であった人間の理性や知識についての研究が中心でしたが、知識を個人の内部だけで説明が完結できるものではないとしました。外部に向かって自己の内部にあるものを表現する、形に表していくことの結果として知が成立するとしたのです。表現するという行為によって事柄の意味が分かってくるとして、これがフィヒテの「事行（Tathandlung）」概念です。事実 Tat の「事」

と、行為 Handlung の「行」を合成したものです。フィヒテ『全知識学の基礎・上』の文章です。

自我は働くもの（行為するもの）であると同時に活動の所産（行為の産物）である。（自我は）能動的なものであると同時に能動性（の結果）に依って産み出されるものである。行為（Handlung）という「行」と、そこから生まれた「事」（Tat）とは一にして正に同一である。従って、自我として存在するということは一つの事行（Tathandlung）の表現である。（邦訳 p.110. ただしカッコ内に文章を加えた他、文章を現代語に変えています）

自分のことを自分で考えることができるのは、人間のみの特権かもしれません。ですが、この論法でいくと、どんなに自分のことを考えても自分を考えている自分を考える、またそれを考えている自分がいるというように、自己の内部で「無限後退」に陥ってしまいます。そこでフィヒテは、自分が行為してみた結果から自分を捉え直すことによって自己なるものを把握できるようになると考えたのです。

ここからは木村の研究についてです。彼はフィヒテの考えを継承しながらもフィヒテの理性的精神を中心にした考え方ではなく、表現行為それ自体が持っている意味へと力点を移していきます。それが木村の「身体と精神」です。ここで木村は次のように考えました。第一には、表現したいことことして自己の内部に漠然としてあるものを外に押し出し（express）、形にしていくことによって

図 7-3　内と外の連関としての表現行為

表現したいことが何であったかがはっきりするということ。そして、第二には、この外に向かって形にしていくことで作り出されたものを通して、内なる自己が作られていくということです。自己という内と、自分の外にある外部という二つの相は、実は切り離すことなどできない「相即的関係」、弁証法的関係になっているということです。ここに木村が言う表現することの本質的意味が簡潔に示されています。人間精神、あるいは意識世界は外へと向かう表現行為を通して作られていく、いわば自己を形成する制作行為でもあるということです。このことを分かりやすく図で表してみましょう（図7-3）。

木村が言う「外」というのは、人間の場合は、社会や文化、そして歴史のことです。人は表現活動によって文化と歴史を作り、また逆に私たちの活動はこれらに支えられてもいるということです。フィヒテはこのような文化的、歴史的な視点を持つことがありませんでした。木村はここから、フィヒテを超えた展開をしているのです。私たちの表現の営みは、歴史・文化的に蓄積されてきた文化的伝統に支えられ、同時にこのような世界に向かって自己の表現を押し出していくことを試み、それらが小さいながらも文化を形成していく一つの契機になっているのです。

木村のユニークな考えとしてもう一つあるのが、身体と道具による表現行為論です。「身体と精神」の後半では、表現活動にある身体と道具の問題を論じています。道具のことはこの後でみていくことにして、人間の精神的活動と身体との関係をみてみましょう。表現行為として直接私たちが使っているのは身体です。人間の精神と身体とは密接不可分な関係になっているというのが木村の主張です。表現は身体を使って行われるからです。

木村は、身体による表現とその意味を、いくつかの段階を区別しながら議論しています。彼が言う第一段階の身体表現は、人に目配せをするとか、顔を赤らめるといったように、感情を身体で直接表現している場合で、そこでは身体が直接心的状態を表現しています。これを「即自態」の身体表現と称しています。しかし、表現にとって大事なのは、この後から起きていることです。第二段階では、身体的表現によって外に現されたものは芸術の場合には作品という客観的なものを形成していきます。この形成されたものを通して自己を客観的にみていくことができます。この客観化された精神は「対自態」と呼ばれています。そして最後の第三段階が表現行為として本来到達すべきものであり、第一段階の感情表現と第二段階の表現の客観的な形成の二つの段階を連関することで得られます。第二段階の客観的な意味を帯びた作品には依然として作者の意味が込められており、そこには主体性が維持されています。これを木村は「自覚的表現」と称しています。表現されたものは一度自分の手から離れていくことで客観的な対象となっていきます。その客観性が自己を外から見直すことを可能にしてくれる働きを持つのです。そして、同時に表現者自身にとっては、この外的対象は依然として自己の思いや感情が込められた対象として存在しています。木村はこれが本来的な表現することの意味であると言っています。ヘーゲルの言う「即自・対他・対自」の意識の過程とも呼応するものです。

木村が、外に向かって表現するという活動が今度は自己を作っていくと言っていることは、表現されたものの中にある自己を見出し、しかも自己を客観的に捉えていくことができるからです。これはまさに人の成長と発達を実現していく過程そのものでしょう。新しい学習指導要領、そしてアクティブ・ラーニングで強調している主体的に学ぶということは、まさに木村の言う「表現的自己」を実現していくことでしょう。

(2) 木村素衞の道具論

木村が表現行為と身体、道具との関係について述べていることをみていきます。ここでは、特に道具に注目してみます。私たちは身体を持っていることで物に働きかけることが可能になっています。表現的生命を可能にしているのは、身体を媒介にした活動なのです。ですが、身体だけでそれが可能になっているのではありません。そこに道具の役割が出てきます。身体と道具との融合です。道具は、時には身体の一部になっています。もちろん、道具は用が済めば身体から離れて完全な自然物、客観的なものになります。

木村は、身体から離すことができる点が道具の持っている大きな意味でもあると言います。私たちは自分の身体を手離すことはできませんが、道具は活動を終えるといったん自分の身から離すことができるのです。このことを、木村は道具の「離身性」と呼んでいます。この「離身性」から、別の道具で代用するという「代用可能性」と「公共性」が出てくるのです。古い道具が新しい道具に取って代わられることによって、私たちの生活も大きく変わってきます。あるいは道具は、自分だけの専有物ではありません。こうした特徴が、道具、そして道具を仲立ちにした私たちの表現活動の歴史・文化的性格を作っているのです。

4　木村教育学から学ぶこと

木村素衞は彼の独自の理論である表現行為論を背景にして、教育で大切にしていくべきものは何であるかを論じています。この章では、彼の教育論にある教育愛を取り上げました。学びの活動として自分の考えを形にし、外に向かって表現するという活動は協同の学びを作り出していくものであると同時に、自分の中にあるものを客観的にみていくことになるものでした。表現することの意味を自覚していくことも、学びの中で重視されるものでした。表現的自己を自覚するということです。

新しい学習指導要領やアクティブ・ラーニングで重視されている主体的な学びや対話的学びでは表現する活動が重視されていますが、表現することの意味、それをどのように学校の学びに位置づけていくべきかということに、木村の研究は大きく関わっています。そこから大切な示唆を得ることができると思います。

注

（1）木村が若くして亡くなった後、彼の教育講演などを直接聞いた教育関係者が中心になって木村の著書をまとめ直し、刊行しています。『表現愛と教育愛』（1965）、『花と死と運命』（1966）、『草刈籠』（1966）等です。いずれも信濃教育会や安曇野教育会の人たちの力によるものです。あるいは、正式な刊行物ではありませんが、木村の没後50年を記念して五十回忌記念刊行会がまとめた『慈愛と信頼』（1995）、『木村素衞先生と信州』（1996）があります。木村の教育に向けた熱意はこのようなかたちで残っています。木村が信州を中心にした教育関係者に講演をした記録が『木村素衞先生と信州』の巻末に彼の略年譜と共にまとめられています。木村の講演は信州の教育関係者を対象にしたもので、記録として残されたものだけでも１００回を超えています。木村は、始めはカント、ヘーゲル等の哲学関係を分かりやすく紹介したり、彼の専門であるフィヒテや師匠の西田の「善の研究」について話すことが中心のようでした。その後、学校現場との関わりが深くなると教育愛や表現愛の内容が多くなり、教育実践についての講義が中心になっていきます。彼の学校現場での講演活動は、１９２５年、木村が31歳の時からはじまり、講演先の上田市で亡くなる１９４６年まで続きました。

（2）『表現愛と教育愛』には、木村と大学で同期であった高坂正顕と、後輩の下村寅太郎の二人が序文を寄せています。二人とも著名な学者です。高坂は木村がどこに行く時もスケッチをしていて、芸術家肌であったが、芸術家、美学者としての木村の傑作は『表現愛』であったと言います。そして、木村が教育学教授法の講座に移る時にも相談を持ちかけられ、移ることを自分も勧めたが、それは木村の中に優れた教育者、教育学者の資質があったからだと述べています。そして、この方面の力作が

「教育と文化の国家」（『国家に於ける文化と教育』のこと）だと高く評価しています。最後に高坂は、今日でも木村には学ぶべき多くのものがあること、そして木村の仕事の意味は決して死んでいないこと、そして我々も改めて木村の仕事の意味を改めて考えてみるべきではなかろうかという言葉で結んでいます。

下村は、生前の木村のことを語っていますが、木村は教育学に対してはもとより、それに付随する雑事に対しても、いささかも憮然たる態度や退嬰的な気分をもらしたことは決してなかったと言うのです。このことは自ら教育学に対しても哲学者たる誇りを高く持っており、教育学に対して強い情熱を持っていたことによると言います。しかしそれは、単に教育学という学問に対してというよりも、人間に対する情熱と愛情に根ざすものであろうとも述べています。そして下村は、木村に対してこんなことを書いています。「木村さんはやはり偉大な教育者であった、単なる教育学者でも教育哲学者でもない、真の意味における『教育者』であった」。

おわりに

本書は、今まさに始まっている新しい学習指導要領の下で進んでいる教育実践を冷静に受けとめてみようとするものでした。そのために時計の針を戻して、日本の戦後からの教育実践の歩みについてみていき、それらから今という時間の中で行われていることに照らし合わせてみようとしました。

本書では、ずいぶん昔に活躍した教育学者を取り上げることもしました。はじめて接する教育学者もいたと思いますし、その教育思想は必ずしも易しいものばかりでなかったかもしれません。ですが、この人たちの主張は決して今日でも古くないと思います。第4章の上田薫と第7章の木村素衛の二人の教育学者が出している考えは、今日の新しい学習指導要領やアクティブ・ラーニングをどう学校現場で実践していくか、あるいは学びの活動はどこに向かっていくべきなのかという問いに答えてくれるものだと思います。

第5章と第6章で取り上げた心理学者のヴィゴツキーと言語学者のバフチンの言語論、対話論は、教室における対話の活動、そして協同的学びを考えていくうえで示唆を与えてくれるものでしょう。

これからの教育実践のあり方、そして児童や生徒が学校教育の中で本当の学びと成長の方向を確かなものにしていくためにはどのような教育の思想を持つべきなのかを、一人ひとり教師の皆さんと一緒に考えていくことを本書ではめざしてみたわけです。

ここで私が本書を世に出し、特に現場の先生方に目を通してもらいたいと考えた動機を改めて述べてみます。私はこれまで、教育心理学者、あるいは発達心理学者として子どもたちの学びの様子を生のかたちでみていくことを心がけてきました。そして、主に小学校、そして一部は協同的学びを実践している中学校にも何度か足を運びました。特に、私が大切にしてきたのは、小学校の子どもたちの協同的な学びの過程を丁寧にみること、話し言葉を大事にした授業を実践している現場の先生と一緒に授業のあり方を議論し、模索していくことでした。

しかし、学校現場をフィールドにした経験から今出されている新しい学習指導要領の考え方やアクティブ・ラーニングの思想をみていくと、これで本当に良いのか、学校現場の教師は本当に自信をもって授業を行い、児童・生徒を望ましい学びへと向かわせることができるのだろうかという疑問を持たざるをえないのです。そこで、改めてこれまで重要な発言をしたり現場教師との共同研究を展開してきた優れた日本の教育学者たちの発言を見直し、本来の学びのあり方を探してみようとしたわけです。

学校現場は今、多忙を極めています。難しそうな本には手が伸びないかもしれません。それでも児童・生徒が主体的に学ぶためには、教師自らが学び、研鑽し、実践するしかないでしょう。そして教育を考えていくためには、しっかりとした哲学、いや思想が大切です。それは、私が上田薫、そして木村素衞から学んだことでもありました。

こういう言葉があります。「本はとても危険だ。ものを考えることを促すからだ。」これはスペインの作家のイトゥルベという人が書いた『アウシュヴィッツの図書係』（小原京子訳、集英社 2016）という本の冒頭にある言葉です。この本はアウシュビッツの収容所で、見つかると没収されるどころか身の危険が及びかねない中にもかかわらず8冊の本を隠し持ち、没収されないように保管して他の人たちが回覧して読むことができるよう助けた一人の少女を描いたものです。「図書係」とはそういう意味です。この本は実話を元にして書かれたフィクションですが、本はまさに世界の窓であることが実感されます。ですから、わずかな本を隠しながら回覧し、ぼろぼろになった本を修理して大事に守っていったのです。この本のはじめに、次のような文があります。「人類の歴史において、貴族の特権や神の戒律や軍隊規則をふりかざす独裁者、暴君、抑圧者たちは、アーリア人であれ、黒人や東洋人、アラブ人やスラブ人、あるいはどんな肌の色の、どんなイデオロギーの者であれ、みな共通点がある。誰もが本を徹底して迫害するのだ」（邦訳 p.10）。

本は世の中で起きていることを正しく見直し、私たちに冷静な目で見ることを促してくれます。本書もその意味で、私たちがこれからの教育のあり方を考えていくための一つのきっかけになれば幸いです。もとより、そのことは読者の皆さんが最終的に判断されることでしょう。

謝辞

本書を書くにあたって、木村素衞の入手困難な貴重な資料を多数提供していただき、また、学校教育のあるべき姿を何度となく私に語っていただいた故渡辺守夫先生に深く感謝申し上げます。また、木村素衞の四女、張さつきさんからは、木村素衞の在りし日のエピソードや想い出について、大切な写真を見せていただきながら直接お伺いすることができました。貴重な機会になりました。

最後に、拙著を刊行するにあたって新曜社の塩浦暲さんには心よりお礼を申し上げます。塩浦さんには複数の前著の出版に続いてお世話になりました。いつものことながら原稿の不備などに貴重なコメントをいただきました。ありがとうございます。

なお、この本を２０２０年の１月末にこの世を去った渡辺守夫先生に捧げます。

文献

第1章

安彦忠彦（2014）『「コンピテンシー・ベース」を超える授業づくり』図書文化
国立教育政策研究所教育課程研究センター（編）（2013）「教育課程の編成に関する基礎的研究報告書5：社会の変化に対応する資質や能力を育成する教育課程編成の基本原理」
三嶋唯義（1972）「訳者序文」ブリース・パラン（1942）／三嶋唯義（訳）『ことばの思想史』所収、大修館書店 iii-vi.
松下佳代（編著）（2015）『ディープ・アクティブラーニング』勁草書房
溝上慎一・松下佳代（編著）（2014）『高校・大学から仕事へのトランジション――変容する能力・アイデンティティと教育』ナカニシヤ出版
松村賢一（2001）『対話的能力を育む話すこと・聞くことの学習』明治図書出版
ライチェン、D・S & サルガニク、L・H（編著）（2003）／立田慶裕（監訳）（2006）『キー・コンピテンシー――国際標準の学力をめざして』明石書店
ヴィゴツキー、L・S（1933）「子どもの発達の年齢的時期区分の問題」土井捷三ほか（訳）（2012）『「人格発達」の理論――子どもの具体心理学』所収、三学出版 10-42.
White, R. W. (1959) Motivation reconsidered: the concept of competence. *Psychological Review, 66*, 297-333.

第2章

Chi, M. T. H. (1978) Knowledge structure and memory development. In R. S. Siegler (ed.) *Children's thinking: What develops?* Lawrence Erlbaum Associates. 73-96.
船山謙次（1958, 1960）『戦後日本教育論争史（正・続）』東洋館出版社
広岡亮蔵（1964）「高い学力、生きた学力」『教育学著作集Ⅰ・学力論』（1968）所収、明治図書出版 194-225.
小針誠（2018）『アクティブ・ラーニング――学校教育の理想と現実』講談社（講談社現代新書）
国立教育政策研究所（編）（2016）『資質・能力［理論編］』（国研ライブラリー）東洋館出版社
太田堯（編）（1978）『戦後日本教育史』岩波書店

志水宏吉（2005）『学力を育てる』岩波書店（岩波新書）
遠山啓（1953）「生活単元学習の批判」『教育』（国土社）1953年8月号 11-27. 一部内容を変えたものが、同名の論文で以下に所収。銀林浩他（編）（2009）『遠山啓エッセンス1 ── 数学教育の改革』日本評論社 1-51.
矢川徳光（1950）『新教育への批判 ── 反コア・カリキュラム論』刀江書院

第3章

アロン、R（1938）／霧生和夫（訳）（1971）『歴史哲学入門』（レイモン・アロン選集4）荒地出版社
ブルーナー、J・S（1960）／鈴木祥蔵・佐藤三郎（訳）（1985）『教育の過程』岩波書店
ドゥルーズ、G（1968）／財津理（訳）（1992）『差異と反復』河出書房新社
デューイ、J（1929）／河村望（訳）（1996）『確実性の探求』（デューイ=ミード著作集5）人間の科学社
デューイ、J（1938）／市村尚久（訳）（2004）『経験と教育』講談社（講談社学術文庫）
広岡亮蔵（1955）『学習形態 ── 系統学習・問題解決学習』明治図書出版
広岡亮蔵（1957）「学力の構造分析」『教育学著作集Ⅰ・学力論』（1968）所収、明治図書出版 163-175.
広岡亮蔵（1959）「教育学研究法の Phänomenologie ── 上田薫氏の動的相対主義にたいして」『教育学研究』26巻2号 142-148.
広岡亮蔵（1964）「高い学力、生きた学力」『教育学著作集Ⅰ・学力論』（1968）所収、明治図書出版 194-225.
広岡亮蔵（1964）『授業改造』明治図書出版
広岡亮蔵（1968）『学習形態論』（教育学著作集Ⅱ）明治図書出版
広岡亮蔵（1968）「社会科の学力構造をどうとらえるか ── 上田薫氏との対話」『教育学著作集Ⅲ・学習過程論』所収、明治図書出版 119-137.
広岡亮蔵（1979）「『学力と評価』論の今日的課題」日本教育方法学会（編）『教育方法10 学力の構造と教育評価のあり方』所収、明治図書出版 9-24.
上田薫（1952）「人間形成における経験主義」『知られざる教育 ── 抽象への抵抗』（1958）所収、黎明書房／（1992）『上田薫著作集1・知られざる教育 ── 抽象への抵抗』所収、黎明書房 236-250.
上田薫（1953）「教育と知識体系」／（1958）『知られざる教育 ── 抽象への抵抗』所収、黎明書房／（1992）『上田薫著作集1・知られざる教育 ── 抽象への抵抗』所収、黎明書房 252-262.
上田薫（1955）「インドクトリネーションと知識の普遍性」／（1958）『知られざる教育 ── 抽象への抵抗』所収、黎明書房／（1992）『上田薫著作集1・知られざる教育 ── 抽象への抵抗』所収、黎明書房 263-287.

上田薫（1956）「動的相対主義の立場――主として広岡亮蔵氏『学習形態』の論にこたえる」初出・日本生活教育連盟・機関誌『カリキュラム』昭和31年4月号／（1958）『知られざる教育――抽象への抵抗』所収、黎明書房／（1992）『上田薫著作集1・知られざる教育――抽象への抵抗』所収、黎明書房 298-324.

上田薫（1959）「新しい論理への考察――広岡亮蔵氏の批判にこたえる」『教育学研究』26巻2号 149-155／（1994）『上田薫著作集4・絶対からの自由――教育の根本問題』所収、黎明書房 300-312.

第4章

武藤文夫（1982）『授業のめざすもの』黎明書房

武藤文夫（1992）『問題解決学習の活力』黎明書房

重松鷹泰・上田薫（編著）（1965）『R. R. 方式――子どもの思考体制の研究』黎明書房

寺崎昌男（1994）「立教のころ」月報12『上田薫著作集4・絶対からの自由――教育の根本問題』所収、黎明書房

築地久子（1991）『生きるちからをつける授業』黎明書房

上田薫（1947）『社会科とその出発――小学校社会科の研究』同学社／（1978）「第1部・社会科とその出発／問題解決学習の本質」『上田薫社会科教育著作集1』所収、明治図書出版 11-106／（1994）「人間のための教育・社会科とその出発」『上田薫著作集13・人間のための教育・社会科とその出発』所収、黎明書房 115-212.

上田薫（1952）『社会科の理論と方法』岩崎書店／（1955）同名、黎明書房／（1978）『上田薫社会科教育著作集2・人間形成論序説』所収、明治図書出版／（1993）『上田薫著作集9・系統主義とのたたかい』所収、黎明書房 12-182.

上田薫（1952）「人間形成における経験主義」初出 奈良女子大学付属小学校『学習研究』／（1958）『知られざる教育――抽象への抵抗』黎明書房／（1992）『上田薫著作集1・知られざる教育――抽象への抵抗』所収、黎明書房 236-250.

上田薫（1953）「教育と知識体系」初出 奈良女子大学付属小学校『学習研究』／（1958）『知られざる教育――抽象への抵抗』黎明書房／（1992）『上田薫著作集1・知られざる教育――抽象への抵抗』所収、黎明書房 252-262.

上田薫（1955）「社会科における学習の原理」『社会科の理論と方法（増補版）』所収、黎明書房／（1978）『上田薫社会科教育著作集2・人間形成論序説』所収、明治図書出版 36-46.／（1993）『上田薫著作集9・系統主義とのたたかい』所収、黎明書房 38-48.

上田薫（1956）「動的相対主義の立場――主として広岡亮蔵氏『学習形態』の論にこたえる」初出・日本生活教育連盟・機関誌『カリキュラム』昭和31年4月号／（1958）『知られざる教育――抽象への抵抗』所収、黎明書房／（1992）『上田薫著作集1・知られざる教育――抽象への抵抗』所収、黎明書房 298-324.

上田薫（1958）「社会科の本質」『知られざる教育――抽象への抵抗』所収、黎明書房／（1992）『上田薫著作集1・知られざる教育――抽象への抵抗』所収、黎明書房 30-45.

上田薫（1958）「知識についての覚えがき」『知られざる教育――抽象への抵抗』所収 黎明書房／（1992）『上田薫著作集1・知られざる教育――抽象への抵抗』所収、黎明書房 96-106.

上田薫（1963）「数個の論理」『林間抄』所収、黎明書房／（1992）『上田薫著作集11・林間抄』所収、黎明書房 48-54.

上田薫（1964）「動的相対主義とはなにか」『人間形成の論理』所収、黎明書房／（1992）『上田薫著作集2・人間形成の論理』所収、黎明書房 96-108.

上田薫（1964）「具体性の論理――実存と過程」『人間形成の論理』所収、黎明書房／（1992）『上田薫著作集2・人間形成の論理』所収、黎明書房 130-142.

上田薫（1964）『教育哲学の新生――経験主義とその周辺』黎明書房／（1993）『上田薫著作集3・ずれによる創造』所収、黎明書房 103-124.

上田薫（1973）「思考のゆれ」『ずれによる創造』所収、黎明書房／（1993）『上田薫著作集3・ずれによる創造』所収、黎明書房 234-236.

上田薫（1974）「カルテとはなにか、なぜ必要か」上田薫・水戸貴志代・森長代『カルテを生かす社会科――教師の人間理解の深化』所収、国土社／（1993）『上田薫著作集3・ずれによる創造』所収、黎明書房 327-337.

上田薫（1978）「カルテ」『層雲』所収、黎明書房／（1994）『上田薫著作集14・教育は立ちなおれるか・層雲』所収、黎明書房 242-245.

上田薫（1981）「子どもを知ること生かすこと――カルテの哲学」『層雲』所収、黎明書房／（1994）『上田薫著作集4・絶対からの自由』所収、黎明書房 208-226.

上田薫（監修）／社会科の初志をつらぬく会（編）（1989）『シリーズ・個を育てる』（全10巻）黎明書房

上田薫・静岡市立安東小学校（1970）『ひとりひとりを生かす授業』明治図書出版

上田薫・静岡市立安東小学校（1977）『どの子も生きよ』明治図書出版

上田薫・静岡市立安東小学校（1994）『個に迫る授業』明治図書出版

上田薫（1993）「動的相対主義」奥田真丈他・監修、安彦忠彦他（編）『現代学校教育大事典・第5巻』所収、ぎょうせい 266-267.

第5章

秋田喜代美・藤江康彦（編著）(2007)『はじめての質的研究法 ―― 教育・学習編』東京書籍
秋田喜代美・藤江康彦（編著）(2019)『これからの質的研究法 ―― 15の事例にみる学校教育実践研究』東京書籍
Chaiklin, S.（2003）The zone of proximal development in Vygotsky's analysis of learning and instruction. In Kozlin, A. et al.（Eds.）*Vygotsky's educational theory in cultural context.* Cambridge University Press. 39–64.
ピアジェ、J（1923）『児童の言語と思考』／大伴茂（訳）(1954)『児童の自己中心性』同文書院
佐藤公治（1996）『認知心理学の読みの世界 ―― 対話と協同的学習をめざして』北大路書房
ヴィゴツキー、L・S（1926）／柴田義松・宮坂琇子（訳）(2005)『教育心理学講義』新読書社
ヴィゴツキー、L・S（1930-31）／柴田義松（監訳）(2005)『文化的・歴史的精神発達の理論』学文社
ヴィゴツキー、L・S（1930）「心理システムについて」／柴田義松・宮坂琇子（訳）(2008)『ヴィゴツキー心理学論集』所収、学文社 9–37.
ヴィゴツキー、L・S（1933）「教授・学習との関連における学齢児の知的発達のダイナミズム」／土井捷三・神谷栄司（訳）(2003)『「発達の最近接領域」の理論 ―― 教授・学習過程における子どもの発達』所収、三学出版 49–81.
ヴィゴツキー、L・S（1933）「子どもの発達の年齢的時期区分の問題」／土井捷三ほか（訳）(2012)『「人格発達」の理論 ―― 子どもの具体心理学』所収、三学出版 10–42.
ヴィゴツキー、L・S（1933）「教育過程の児童学的分析について」／土井捷三・神谷栄司（訳）(2003)『「発達の最近接領域」の理論』所収、三学出版 187–218.
ヴィゴツキー、L・S（1933）「生活的概念と科学的概念の発達」／土井捷三・神谷栄司（訳）(2003)『「発達の最近接領域」の理論』所収、三学出版 154–186.
ヴィゴツキー、L・S（1934）／柴田義松（訳）(2001)『思考と言語』新読書社
ヴィゴツキー、L・S（1934）「学齢期における教授・学習と知的発達の問題」／土井捷三・神谷栄司（訳）(2003)『「発達の最近接領域」の理論』所収、三学出版 1–27.

第6章

バフチン、M・M（1929）／北岡誠司（訳）(1980)『言語と文化の記号論』新時代社
バフチン、M・M（1952-53）「言葉のジャンル」／佐々木寛（訳）(1988)『ミハイル・バフチン著作集８・ことば対話テキスト』所収、新時代社 115–189.

バフチン、M・M（1959-61）「テキストの問題」／佐々木寛（訳）（1988）『ミハイル・バフチン著作集８・ことば対話テキスト』所収、新時代社 193-239.

バフチン、M・M（1961）「ドストエフスキー論の改稿によせて」／伊東一郎（訳）（1988）『ミハイル・バフチン著作集８・ことば対話テキスト』所収、新時代社 243-278.

バフチン、M・M（1963）／望月哲男・鈴木淳一（訳）（1995）『ドストエフスキーの詩学』筑摩書房（ちくま学芸文庫）

バフチン、M・M（1975）／伊東一郎（訳）（1996）『小説の言葉』平凡社（平凡社ライブラリー）

Brown, A. L., Metz, K. E. & Campione, J. C.（1996）Social interaction and individual understanding in a community of learners: The influence of Piaget and Vygotsky. In A. Tryphon & J. Voneche（Eds.）*Piaget-Vygostky: The Social Genesis of Thought.* Psychology Press.

長谷川宏（1997）『ことばへの道 ―― 言語意識の存在論』（新装版）勁草書房／（2012）講談社（講談社学術文庫）

Herrenkohl, L. R. & Guerra, M. R.（1998）Participant structures, scientific discourse, and student engagement in fourth grade. *Cognition and Instruction,* 16-4, 431-473.

中野民夫（2017）『学び合う場のつくり方 ―― 本当の学びへのファシリテーション』岩波書店

佐藤公治・白川清久（2001）「リテラシーとオーラリティの統合をめざした学びと学習文化」『北海道大学大学院教育学研究科紀要』第84号 235-267.

トルストイ、L（1910）／原久一郎（訳）（1960）『人生の道・下巻』岩波書店（岩波文庫）

ヴィゴツキー、L・S（1933）「教授・学習との関連における学齢児の知的発達のダイナミズム」／土井捷三・神谷栄司（訳）（2003）『「発達の最近接領域」の理論 ―― 教授・学習過程における子どもの発達』所収、三学出版 49-81.

ヴィゴツキー、L・S（1934）／柴田義松（訳）（2001）『思考と言語』新読書社

ヴィゴツキー、L・S（1934）「知的障害の問題」／柴田義松・宮坂琇子（訳）（2006）『障害児発達・教育論集』所収、学文社 102-134.

山口一男（2008）『ダイバーシティ』東洋経済新報社

第7章

木村素衞（1937）「教育哲学に対する基礎と展望」（1948）『教育と人間』所収、弘文堂 113-179.

木村素衞（1938）「教育愛に就いて ―― エロスとアガペ」木村素衞先生50回忌記念刊行会（編）（1996）『木村素衞先生と信州』所収、信濃教育会出版部 42-66.

木村素衞（1938）「ミケルアンヂェロの回心」／（1997）『表現愛』所収、こぶし書房 89-116.

木村素衞（1939）「一打の鑿」／（1997）『表現愛』所収、こぶし書房／（2000）『京都哲学撰書第7巻・美のプラクシス』所収、燈影舎 150-181.

木村素衞（1939）「身体と精神」／（1997）『表現愛』所収、こぶし書房／（2000）『京都哲学撰書第7巻・美のプラクシス』所収、燈影舎 182-214.

木村素衞（1939）／（1997）『表現愛』こぶし書房

木村素衞（1939）「教育の本質について」／（1948）『教育と人間』所収、弘文堂 3-112.

木村素衞（1941）『形成的自覚』弘文堂

木村素衞（1946）『国家に於ける文化と教育』岩波書店

木村素衞（1947）『教育学の根本問題』黎明書房

木村素衞（1948）『教育と人間』弘文堂

木村素衞（1949）『フィヒテ・全知識学の基礎（上・下）』岩波書店（岩波文庫）

木村素衞・木村素衞先生論文集刊行会（編）（1965）『表現愛と教育愛』信濃教育会出版部

門前斐紀（2019）『木村素衞「表現愛」の人間学』ミネルヴァ書房

村瀬裕也（2001）『木村素衞の哲学——美と教養への啓示』こぶし書房

大西正倫（2011）『表現的生命の教育哲学——木村素衞の教育思想』昭和堂

小田部胤久（2010）『木村素衞——「表現愛」の美学』講談社

著者紹介

佐藤公治（さとう・きみはる）
北海道大学大学院教育学研究科修了。博士（教育学、北海道大学）。北海道大学大学院教育学院教授を経て、現在、北海道大学名誉教授。
専門：発達心理学・教育心理学.
著書として、『音を創る、音を聴く ── 音楽の協同的生成』、『ヴィゴツキーの思想世界 ── その形成と研究の交流』、『ヴィゴツキーからドゥルーズを読む ── 人間精神の生成論』（共著）（以上、新曜社）、『臨床のなかの対話力 ── リハビリテーションのことばをさがす』（共著、協同医書出版社）など。

「アクティブ・ラーニング」は何をめざすか
「主体的、対話的な学び」のあるべき姿を求めて

初版第1刷発行　2020年11月10日

著　者　佐藤公治
発行者　塩浦　暲
発行所　株式会社　新曜社
101-0051　東京都千代田区神田神保町3-9
電話（03）3264-4973（代）・FAX（03）3239-2958
e-mail：info@shin-yo-sha.co.jp
URL：https://www.shin-yo-sha.co.jp/

印　刷　星野精版印刷
製　本　積信堂

ISBN978-4-7885-1698-4 C1037